David Jaffin

Abraham

und die Erwählung Israels

Verlag der
Liebenzeller Mission
Lahr

Dank
an Frau Heide Pfeiffer
für die Erstellung des Manuskripts

Für Arthur Klenk
als Dank für 15jährige gute Zusammenarbeit

Die Deutsche Bibliothek – CIP-Einheitsaufnahme

Jaffin, David:
Abraham und die Erwählung Israels / David Jaffin. – Bad Liebenzell : Verl. der
Liebenzeller Mission, 1996
   (Edition C : C; 461)
   ISBN 3-88002-600-9
NE: Edition C / C

ISBN 3-88002-600-9

Edition C-Paperback 58161 (C 461)

© Copyright 1996 by Edition VLM im Verlag der St.-Johannis-Druckerei
Umschlagfoto: Die Opferung Isaaks, Charmkraft, Yorkshire
Umschlaggestaltung: GrafischesAtelier Arnold, 72581 Dettingen
Gesamtherstellung:
St.-Johanns-Druckerei C. Schweickhardt, 77922 Lahr (Schwarzwald)
Printed in Germany   12458/1996

Inhalt

Der vierfache Segen Abrams   7

Abram und Sarai in Ägypten.
Abram und Lot trennen sich   12

Abram und Melchisedek   29

Gott verheißt Abram einen Sohn und macht
einen Bund mit ihm   35

Hagar und Ismael   41

Ewiger Bund und neue Namen –
Verheißung Isaaks und Beschneidung   56

Der Herr bei Abraham in Mamre   63

Abrahams Fürbitte für Sodom   68

Abraham und Sara bei Abimelech   84

Gottes Gebot: Austreibung Ismaels und seiner Mutter   100

Abrahams Versuchung –
Bestätigung der Verheißung   106

Sara stirbt.
Abraham erwirbt ein Erbbegräbnis   112

Eine richtige Frau für Isaak wird gesucht   121

Abrahams zweite Ehe, sein Tod und Begräbnis   125

Der vierfache Segen Abrams

Und der HERR sprach zu Abram: Geh aus deinem Vater-
land und von deiner Verwandtschaft und aus deines Vaters
Hause in ein Land, das ich dir zeigen will. Und ich will
dich zum großen Volk machen und will dich segnen und dir
einen großen Namen machen, und du sollst ein Segen sein.
Ich will segnen, die dich segnen, und verfluchen, die dich
verfluchen; und in dir sollen gesegnet werden alle Ge-
schlechter auf Erden.

1. Mose 12, 1-3

»Und der Herr sprach zu Abram: Geh aus deinem Vaterland und
von deiner Verwandtschaft und aus deines Vaters Haus.«

Der Herr fordert einen totalen Neuanfang von Abram. Warum? In
den Kapiteln 3-11 des Genesis-Buches wird von der Urgeschichte
der Menschheit berichtet – Sündenfall, Brudermord (Kain/Abel),
Massenmord (Lamech), sogar Engelehe kommen darin vor, auch
der zweifache Aufstand dieser Urvölker gegen Gott, der zur alles
Leben vernichtenden Sintflut führt und schließlich zur Verwir-
rung der Sprachen im Zusammenhang mit dem Turmbau zu
Babel. Der Mensch übertrat Gottes Gebote, indem er versuchte,
Leben und Erkenntnis an sich zu reißen, wo doch die beiden
unberührbaren Bäume im Paradies dem Herrn allein gehören. Die
Urgeschichte der Menschheit ist nichts anderes als die Zeitge-
schichte des modernen Menschen. *Wir* wollen über das Leben
verfügen, *wir* wollen entscheiden, wer Recht auf Leben hat und
wer nicht. *Wir* sind »die Herren der Welt«. Unsere Wissenschaft
und Technologie soll der Maßstab aller Dinge sein, nicht Gottes
Gebote und Verbote, nicht Gottes Verheißungen. Unser Jahrhundert ist voll von Brudermord und von Massenaufstand gegen Gott
und seine Ordnungen. Deshalb will Gott einen neuen Anfang, und
er geschieht, wie bei Noah, durch einen Menschen – Abram.
Dazu muß dieser Abram sich jedoch trennen von Land und Familie, von Tradition und Geborgenheit, aber auch von allem, was
verdorben ist, heidnisch, von allem, was ihn früher gebunden hat

– ähnlich wie später Lot, der sich von Sodom und Gomorra trennen muß.

Am Anfang des Weges Abrams steht der berühmte vierfache Segen, er ist vierfach, auch wenn in den Bibeldrucken unserer Zeit nur die letzte der Verheißungen, die messianische Verheißung, durch Fettdruck hervorgehoben ist. Doch auch die bleibende Erwählung Israels ist genauso wichtig, auf die Paulus im Römerbrief, Kap. 2, hinweist: »Der Herr kann seine [Israels] Erwählung nicht bereuen.«

»Und der Herr sprach zu Abram: Geh aus deines Vaters Haus in ein Land, das ich dir zeigen will.«

Wichtig ist hier
1. Die Trennung vom Vergangenen, vom Heidnischen, Verdorbenen;
2. daß das Land, das Abram vom Herrn gegeben wird, dem Herrn gehört;
3. daß dieses Land, Israel, den Nachkommen Abrams, dem Volk der Juden, als Leihgabe des Herrn, gehören wird für alle Ewigkeit.

Wehe einer Regierung Israels, welche bereit ist, Gottes Verheißungen zu verspielen um des weltlichen Friedens willen oder um des Völkerrechts willen. Es geht um Abrams, um Israels Gehorsam. So spielt das Land Israel eine äußerst wichtige Rolle in der Geschichte der Juden. Mose wird später von dieser Verheißung schon als kleiner Knabe von seiner Mutter gehört haben; dann wird er vom Herrn erwählt, als alter, versagender, stotternder Knecht, das Volk Israel durch Gottes Kraft und unter Gottes Führung aus der Knechtschaft in Ägypten zu befreien und ihm den Weg durch die Wüste zu bahnen in Richtung des verheißenen Landes. Ist nicht dieses Geschehen sinnbildlich für unseren christlichen Weg der Befreiung von Sünde, Teufel, Tod, von der Welt in uns selbst, von Satan, damit wir geführt werden durch die Wüste dieser Welt, durch alle möglichen Versuchungen, geführt durch unseren guten Hirten Jesus Christus, bis zum »Land« seines Reichs? Für die Juden hat das Land Israel immer große Bedeutung gehabt. Im Talmud steht: Wer sein Leben in Israel verbringt, ist gleichgestellt mit jemandem, der das Gesetz erfüllt hat. Und in der Diaspora, dem Haß verschiedenster Völker ausgeliefert, wurde durch die Jahrhunderte und Jahrtausende die Sehnsucht nach dem Land Israel immer wachgehalten. So haben im Mittelalter reiche deutsche Juden teuer dafür bezahlt, um hier in Deutschland in Erde aus »Erez Israel« beerdigt zu werden. Warum ist die Sehnsucht nach dem Land Israel so groß?

1. Weil zwischen Land und Volk eine »Ehe« besteht: Beide tragen den gleichen Namen. Wenn das Volk aus dem Land vertrieben ist, dann ist das Land dürr und fruchtlos.
2. Weil die Juden nur in Israel letztendlich ihr eigenes Land haben können und den Schutz, den der Herr der Verheißungen diesem Land und seinem Volk bietet.
3. Nur wenn das Volk im Land ist, nur dann kann der lang ersehnte Messias kommen, um sein Volk endgültig zu retten und sein Tausendjähriges Friedensreich aufzurichten. Dann wird Israel in dieser Welt ein missionarisches Volk werden, wie auch die erste christliche Mission von Israeliten ausging.

»Und ich will dich zum großen Volk machen . . .«

Diese zweite Verheißung hängt eng mit dem ersten aller 613 Gebote und Verbote zusammen – »Mehret euch!« Hier geht es um die Schöpferkraft Gottes. Diese Schöpferkraft soll nicht nur in der Natur erkannt werden, sondern auch am Beispiel seines Volkes. Eigentlich war das Volk der Juden immer relativ klein, gerade groß genug für ein kleines Land wie Israel. Aber diese Verheißung muß auch zeitlich gesehen werden. Denn das Volk der Juden ist ein uraltes Volk und hat alle möglichen Versuche überlebt, dieses Volk endgültig auszurotten – das biblische Buch Esther berichtet unter anderem davon. Dieses Volk ist dann »groß«, wenn man es zeitlich durch die Jahrhunderte und Jahrtausende betrachtet. Aber dieses Volk ist auch »groß«, weil es Gottes Volk ist und zentrale Gestalten für Gottes Verheißungen aus ihm hervorgegangen sind, wie Mose und die Propheten und wie Jesus Christus, der König der Juden und der Heiden Heiland. Und »groß« war der Auftrag dieses Volkes in der ersten, der christlichen Mission und wird es sein in kommender Zeit, im

Tausendjährigen Friedensreich, wenn eine zweite Missionszeit wiederum von Israel und dem dann getauften Volk ausgehen wird.

». . . und ich will dich segnen und dir einen großen Namen machen, und du sollst ein Segen sein. Ich will segnen, die dich segnen, und verfluchen, die dich verfluchen.«

Die Welt wird vom Herrn danach beurteilt werden, wie sie sich dem Volk Israel gegenüber verhält. Wer Israel, die Juden, segnet, wird gesegnet, und wer Israel verflucht, der wird verflucht vom Herrn. Jesus übernimmt diese Aussage, wenn er sagt: Was wir an seinem geringsten Bruder tun, das tun wir ihm, Jesus. Wir haben leibliche und auch geistliche Brüder und Schwestern, Jünger Jesu. Aber die Juden, unsere »älteren Brüder« und zugleich in Jesus »Brüder-im-Werden«, sind unsere »geringsten Brüder«, denn sie sind Brüder in dem Herrn, dem Gott Israels, wenn auch immer noch »Feinde um des Evangeliums willen« (Römer 11). Es ist tatsächlich so geworden, daß der verflucht wird, der Israel verflucht. Die Großmächte in biblischen und nachbiblischen Zeiten, welche sich gegen dieses Volk gestellt haben, wurden verflucht: die Assyrer, die Babylonier, die Römer . . . Ihre großen Reiche zerfielen wie Kartenhäuser, aber Israel blieb als Volk bestehen. Hatte nicht das große vereinigte Spanische Reich 1492 entschieden, daß ungetaufte Juden nicht mehr auf seinem sogenannten »Heiligen Boden« verweilen durften? Und dieses Reich ist dann in einen mehrere Jahrhunderte dauernden Schlaf verfallen, angefangen mit seiner Niederlage durch England Ende des 16. Jahrhunderts. Ist nicht das biblische Zeichen der Verfluchung die Teilung eines Landes, so zum Beispiel nach Salomos Tod? Und was ist hier in Deutschland nach dem Dritten Reich passiert? Und wie ist es jetzt, mit unserem verflachten, sterbenden christlichen Glauben? Der größte Segen hat mit Glauben zu tun, mit Frieden im Herrn, mit Führung durch den Herrn zu seinem Land, seinem Reich. Und wie steht es um uns hier in Deutschland und in einem Europa, in dem Gottes Volk so viele Verfolgungen erlebt hat?

»Und in dir sollen gesegnet werden alle Geschlechter auf Erden.«

Das bedeutet, daß der Messias, der Befreier und Erlöser, aus dem Volk Abrahams stammen wird. Er wird ein Jude sein. Diese Verheißung ist erfüllt worden zu Gottes Zeit, als er seinen Sohn, Jesus Christus, zu uns auf die Erde sandte. Die Gestalt des Segens ist zugleich die Gestalt seines Kreuzes, sind die ausgestreckten Hände. So wurden diese zwei Balken des Kreuzes ständig gedeutet, als von oben nach unten oder von unten nach oben – die Verbindung zwischen Himmel und Erde in ihm. Der zweite Balken hinter den ausgebreiteten Armen des Gekreuzigten bedeutet ein Angebot des Segens für alle Völker: Wer unter seinen segnenden Händen bleibt, der wird Frieden mit dem Vater erfahren.

Der so bedeutende Abschnitt der Bibel mit seinem krönenden Schluß – »in dir sollen gesegnet werden alle Geschlechter auf Erden« – hat aber nicht nur mit Jesu erster Ankunft zu tun und mit der von Paulus ausgehenden Weltmission, sondern auch mit seiner zweiten Ankunft. Jesus wird wiederkommen – und zwar bald. Niemand weiß Tag und Stunde, und dann wird er das heimgekehrte, leidgeprüfte Israel zu sich nehmen und taufen. »Und der Geist der Gnade und des Gebets wird ausgegossen über ganz Israel; und sie werden ihn annehmen, den sie durchbohrt (gekreuzigt) haben, und sie werden um ihn weinen, wie man weint um einen einzigen Sohn (den einzigen Sohn Gottes)« (Sach. 12,10). Dieser Uranfang von Gottes Heilsplan mit Abram, mit Israel, erfüllt in Jesus, weitergeführt durch uns missionarische Christen, wird dann sein Telos, sein Ziel, erreichen in Jesu Wiederkunft. Mit den Worten der Urgemeinde bitten wir: Maranatha, unser Herr und Heiland, Jesus Christus, komme, komme bald!

Abram und Sarai in Ägypten.
Abram und Lot trennen sich

Es kam aber eine Hungersnot in das Land. Da zog Abram hinab nach Ägypten, daß er sich dort als ein Fremdling aufhielte; denn der Hunger war groß im Lande. Und als er nahe an Ägypten war, sprach er zu Sarai, seiner Frau: Siehe, ich weiß, daß du ein schönes Weib bist. Wenn dich nun die Ägypter sehen, so werden sie sagen: Das ist seine Frau, und werden mich umbringen und dich leben lassen. So sage doch, du seist meine Schwester, auf daß mir's wohlgehe um deinetwillen und ich am Leben bleibe um deinetwillen. Als nun Abram nach Ägypten kam, sahen die Ägypter, daß seine Frau sehr schön war. Und die Großen des Pharao sahen und priesen sie vor ihm. Da wurde sie in das Haus des Pharao gebracht. Und er tat Abram Gutes um ihretwillen; und er bekam Schafe, Rinder, Esel, Knechte und Mägde, Eselinnen und Kamele. Aber der HERR plagte den Pharao und sein Haus mit großen Plagen um Sarais, Abrams Frau, willen. Da rief der Pharao Abram zu sich und sprach zu ihm: Warum hast du mir das angetan? Warum sagtest du mir nicht, daß sie deine Frau ist? Warum sprachst du denn: Sie ist meine Schwester – so daß ich sie mir zur Frau nahm? Und nun siehe, da hast du deine Frau; nimm sie und zieh hin. Und der Pharao bestellte Leute um seinetwillen, daß sie ihn geleiteten und seine Frau und alles, was er hatte. So zog Abram herauf aus Ägypten mit seiner Frau und mit allem, was er hatte, und Lot auch mit ihm, ins Südland. Abram aber war sehr reich an Vieh, Silber und Gold. Und er zog immer weiter vom Südland bis nach Bethel, an die Stätte, wo zuerst sein Zelt war, zwischen Bethel und Ai, eben an den Ort, wo er früher den Altar errichtet hatte. Dort rief er den Namen des HERRN an. Lot aber, der mit Abram zog, hatte auch Schafe und Rinder und Zelte. Und das Land konnte es nicht ertragen, daß sie beieinander wohnten; denn ihre Habe war groß, und sie konnten nicht beieinander wohnen. Und es war immer Zank zwischen den Hirten von Abrams Vieh und den Hirten von Lots Vieh. Es wohnten auch zu der Zeit die Kanaaniter und Perisiter im Lande. Da sprach Abram zu Lot: Laß doch nicht Zank sein zwischen mir und dir und zwischen meinen und deinen Hirten; denn wir sind Brüder. Steht dir nicht alles Land offen? Trenne dich doch von mir! Willst du zur Linken, so will ich zur Rechten, oder willst du zur Rechten, so will ich zur Linken. Da hob Lot seine Augen auf und besah die ganze Gegend am Jordan. Denn ehe der HERR Sodom und Gomorra vernichtete, war sie wasserreich, bis man nach Zoar kommt, wie der Garten des HERRN, gleichwie Ägyptenland. Da erwählte sich Lot die ganze Gegend am Jordan und zog nach Osten. Also trennte sich ein Bruder vom andern, so daß Abram wohnte im Lande Kanaan und Lot in den Städten am unteren Jordan. Und Lot zog mit seinen Zelten bis nach Sodom. Aber die Leute zu Sodom waren böse und sündigten sehr wider den HERRN. Als nun Lot sich von Abram getrennt hatte, sprach der HERR zu Abram: Hebe deine Augen auf und sieh von der Stätte aus, wo du wohnst, nach Norden, nach Süden, nach Osten, nach Westen. Denn all das Land, das du siehst, will ich dir und deinen Nachkommen geben für alle Zeit und will deine Nachkommen machen wie den Staub auf Erden. Kann ein Mensch den Staub auf Erden zählen, der wird auch deine Nachkommen zählen. Darum mach dich auf und durchzieh das Land in die Länge und Breite, denn dir will ich's geben. Und Abram zog weiter mit seinem Zelt und kam und wohnte im Hain Mamre, der bei Hebron ist, und baute dort dem HERRN einen Altar.

1. Mose 12,10 – 1. Mose 13

»Es kam aber eine Hungersnot in das Land. Da zog Abram hinab nach Ägypten.«

Dieses Thema wiederholt sich in der Bibel mehrmals. Durch das Wasser des Nils ist Ägypten ein reiches Land (man könnte den Garten Eden auch dort vermuten). Immer wieder zog es Menschen in Notzeiten nach Ägypten. Die wichtigsten von ihnen sind

Josef und vor allem Jesus. Ägypten war zu einem Ort des Asyls geworden, ein Ort, wo man auftanken, sich aufhalten, zur Ruhe kommen konnte, bis man wieder herausgerufen wurde. Aber Ägypten war zugleich ein Land schrecklicher Unterdrückung. Es sollte nicht vergessen werden, wie das war, bis endlich die Befreiung unter Mose kam. 400 Jahre hat diese Unterdrückung gedauert. Beide Aspekte leuchten auf: Durch die ganze Bibel geht das Zeugnis, daß es ein Land ist, das Zuflucht bietet, in dem man Reichtum findet, gute Ernährung . . . Zugleich ist es ein Land der schweren Unterdrückung. Der Prophet Jesaja beschreibt im Kap. 19 seines Buches die Friedensstraße, die sich von Ägypten über Israel nach Syrien oder Assyrien erstreckt – es ist die Friedensstraße Jesu und seines ersten Kommens. Unser Friede ist Jesus. Jesus ging auch nach Ägypten. Das ist eine Zeichenhandlung dafür, daß sein Heil auch zu den Heiden gehen wird.

Assyrien ist der Ort, wo die erste heidenchristliche Gemeinde in Antiochien gegründet wurde und von wo Paulus, der große Heidenmissionar, zu seinen ersten Missionsreisen ausgesandt wurde. Der Frieden wird zu den Heiden gebracht, erst durch Jesus und dann vor allem durch Paulus. Das wird sich am Ende der Tage nicht wiederholen, denn das Ende der Tage wird als Krieg gegen Israel vorausgesagt, und Ägypten wird dabei eine negative Rolle spielen.

»Es kam aber eine Hungersnot in das Land. Da zog Abram hinab nach Ägypten, daß er sich dort als ein Fremdling aufhielte, denn der Hunger war groß im Lande.«

»Ihr seid Fremdlinge gewesen in Ägypten« (2. Mose 22,20). Von der Fremdlingschaft Israels wird immer wieder gesprochen. Israel ist ständig Fremdling gewesen in allen möglichen Ländern der Welt, auch in Deutschland. Juden aus über 100 Ländern sind inzwischen nach Israel zurückgekommen. Die Thora sagt: Wir sind Fremdlinge gewesen, und deshalb sollen wir die Fremden im Lande so behandeln, wie wir selbst behandelt werden wollen. Das ist ein aktueller Text heute, wo der Fremdenhaß auch in Deutschland nochmals aufsteigt. Aber wir sind alle Fremde auf Erden, jeder Christ, denn wir sind ein Wandervolk Gottes. Darin sind wir mit dem Volk Israel jetzt schon eins. Es ist eine politische Frage, ob das Asylrecht richtig ist oder nicht. Ihr zentrales Anliegen ist: Wenn Fremdlinge hier im Land sind, dann sollten sie von uns gut behandelt werden. Ob sie das Recht haben, hier zu bleiben, ist eine politische Frage. Aber aus der Sicht des christlichen Glaubens ist damit die Herausforderung verbunden: Es ist eine große Gelegenheit für die Mission. Viele Moslems sind gekommen, manche nicht mehr stark im Islam verwurzelt. In ihren Heimatländern kann hingegen kaum christliche Mission getrieben werden, ist sogar mitunter lebensgefährlich. Hier aber besteht Möglichkeit, nicht nur zum Dialog, sondern ihnen auch das Wort Gottes zu bringen. Gott schickt sie uns hierher, damit wir ihnen den Weg des Heils bezeugen. Das sollte aber in dem Wissen geschehen, daß auch wir letzten Endes alle Fremdlinge hier auf Erden sind, »denn wir haben hier keine bleibende Stadt« (Hebr 13,14).

». . . daß er sich dort als ein Fremdling aufhielte; denn der Hunger war groß im Lande. Und als er nahe an Ägypten war, sprach er zu Sarai, seiner Frau: Siehe, ich weiß, daß du ein schönes Weib bist.«

Es gibt Menschen, die haben äußerlich besondere Gaben. Es gibt schöne Frauen, es gibt starke Männer, es gibt Gaben wie Intelligenz, Humor, Gaben zum sozialen Engagement . . . Die Frage ist: Wie und wozu werden diese Gaben genutzt? Und wir sehen in der Bibel, wie zum Beispiel Stärke sowohl positiv als auch negativ genutzt werden kann. Simson nutzte sie meist positiv. Aber Goliath setzte seine Kraft negativ ein. So ist es mit der Schönheit. Es gab unter Juden und Christen immer schöne Frauen, die zugleich auch fromm waren. Und es gab Frauen, die ihre Schönheit zu ganz anderem nutzten. Die Frage ist der Umgang mit der Gabe, die wie viele andere Gaben, vom Herrn ist. Es könnte sein, daß eine junge, hübsche Dame in einen lebendigen Jugendkreis kommt, und zunächst ihretwegen kommen mehrere junge Männer dazu. Wir sollten daraus nicht nur ein Problem konstruieren, sondern auch die Chance für das Evangelium erkennen. Auch Esther, die Königin am persischen Hof wurde, war schön; sie konnte Israel retten. Wir sollen uns über jede unserer Gaben bewußt sein, auch daß sie vom Herrn kommen und daß wir sie anvertraut erhielten, um sie im Sinne des Herrn einzusetzen. Denn jede Gabe kann auch von Satan benutzt und ins Negative verkehrt werden. So müssen wir bei Schönheit darauf achten, daß wir nicht eitel werden. Es ist nicht unser Verdienst, wenn wir schön sind. Aber alles, was wir haben, kann uns zum Segen oder zum Fluch werden.

»Wenn dich nun die Ägypter sehen, so werden sie sagen: Das ist seine Frau, und werden mich umbringen und dich leben lassen.«

Abram ist klug. Er schaut in die Zukunft, bevor das Problem auftaucht. Das ist nicht dumm. Es ist immer gut, sich rechtzeitig Gedanken zu machen über Zusammenhänge unseres Vorhabens. Er sieht realistisch: Ich habe eine schöne Frau und komme in ein fremdes Land, in dem man je nach Wohlhabenheit mehrere oder gar viele Frauen hat. Abram bekommt's mit der Angst zu tun.

»Wenn dich die Ägypter sehen, so werden sie sagen: Das ist seine Frau, und werden mich umbringen und dich leben lassen. So sage doch, du seist meine Schwester, auf daß mir's wohlgehe um deinetwillen und ich am Leben bleibe um deinetwillen.«

Da wirkt Gutes mit Schlechtem zusammen. Bei dem Thema »Notlüge« kommt unter uns viel Heuchelei vor. Jeder Mensch hat ein Recht zu lügen, wenn es ums Leben geht. Das bestreitet auch die Bibel nicht. Es wäre scheinheilig, das zu verneinen. Konstruieren wir ein konkretes Beispiel zur Zeit des Dritten Reiches: David Jaffin ist Pfarrer in Ihrer Gemeinde, er ist Jude, bleibt aber in seiner Gemeinde. Eines Tages kommt die SS. Im Keller eines Gemeindegliedes wird er verborgen gehalten. Bei der Razzia wäre es das Dümmste und Schlimmste, wenn dem Gemeindeglied die Wahrheit über alles ginge: »Da unten habe ich einen Juden versteckt.« Leben hat in der Bibel Vorrang, denn Leben gilt in Israel als das höchste Gut. In unserem Beispiel steht dem Übel der Lüge das Übel des Todes gegenüber. Wenn es um zwei Übel geht, muß man abwägen, welches Übel geringer ist, um nicht eine viel größere Schuld auf sich zu laden.

In *dieser* Hinsicht handelt Abram richtig. Aber in *anderer* Hinsicht handelt er absolut falsch: Er konnte und mußte wissen, daß seine Frau von den Ägyptern sexuell benutzt werden würde. Er gab seine Frau her, daß sie als Konkubine des Pharao von diesem benutzt werden konnte, wenn nur er selbst am Leben blieb. Das ist biblisch nicht richtig. Abrams Gedanken sind falsch, auch wenn er klug ist und sein Problem sieht. Beschämend für Abram ist dann allerdings, wie die Sache ausgeht: Pharao tötet Abram nicht, auch nicht, als er seinen Betrug erkennt, sondern er läßt ihn weggehen.

Abram dachte falsch: Sie werden *mich* töten, wenn sie wissen, daß Sarai meine Frau ist. Er denkt absolut egoistisch. Pharaos Ethik ist in dieser Angelegenheit deutlich höher als Abrams. Ähnliches finden wir bei Jona: Auch Ninives Ethik ist höher als die Israels, denn Israel will zur Zeit Jonas keine Bußpredigt hören, aber Ninive hört hin. Immer wieder begegnet uns solch eine Aussage im Alten Testament: Die Heiden sind in mancher Hinsicht besser als Israel und reagieren besser. Abram war nur davon überzeugt, daß Pharao ihn töten wird, wenn der erfährt, daß Sarai seine Frau ist. Als der Pharao es dann tatsächlich erfährt – wenn auch unter den Plagen Gottes –, läßt er ihn weggehen und sogar noch begleiten.

Aus dem Ersten Weltkrieg sind Vorkommnisse bekanntgeworden, daß arme Juden im Osten ihre hübsche Tochter deutschen Soldaten hingaben, damit es ihrer Familie gutginge. So geht man nicht mit anvertrauten Menschen um. Das ist keine Frage irgendeiner ideologischen Moral, sondern eine Frage biblischen Denkens. Die Bibel bezeugt die Gleichwertigkeit von Mann und Frau. Und zuallererst in der Ehe gilt, daß beide aneinander so handeln, wie man es vom jeweils anderen erwartet. Das Argument Abrams – du kannst benutzt werden von diesen Leuten, damit ich nur am Leben bleibe – ist absolut egoistisch. Zudem geht es um Gottes Verheißungen. Es wird deutlich: Gott nimmt seine Verheißungen ernst, er plagt den Pharao so, daß Sarai und Abram freigelassen werden. Es gilt im Sinne Gottes, des Gottes Israels, ethisch und moralisch zu handeln, er wird dann tun, was notwendig ist für seinen heilsgeschichtlichen Plan; er wird an sein Ziel kommen. So kommt er auch hier ans Ziel, aber Abram hat eine tiefe Schuld auf sich geladen. Interessant ist, daß der Talmud Jakob, den Betrüger, höher stellt als Abraham, während im christlichen Abendland Abraham doch ein besonders hohes Ansehen genießt wegen seiner Glaubensprüfung; der Talmud aber sieht viel Unreines in Abraham. Wie ist es da wohl bei uns? Wenn wir ehrlich sind: Sind wir in Ordnung? Wenn unser Leben biblischen Maßstäben entspräche, würden wir Christus und sein Kreuzesheil nicht brauchen. Es gibt noch viel Unreines in uns. Ein Beispiel macht doch nachdenklich: Kaum ein Märtyrer im Dritten Reich war Pietist. Wenn es hart auf hart ging, haben wir nichts getan – trotz aller unserer Heiligung, unserer Frömmigkeit. Wir wollen sehr vorsichtig sein mit unserer Einstellung zu uns selbst und unserer Frömmigkeit. Ich bin damit nicht sehr weit gekommen. Ich bin ein sündiger, verlorener Mensch. Ich bin absolut abhängig von Gott und seiner Gnade, und das wird immer so bleiben, bis ich in sein Reich genommen werde, wenn er mich für würdig hält. Das Pietistsein, unsere Frömmigkeit und Heiligung, bringt uns nicht Schritt für Schritt näher zu Gott. Daß das geschieht, ist nicht unser Verdienst, sondern ist ausschließlich ein Akt göttlicher Barmherzigkeit. Gerade *indem* er uns das Dunkel in uns zeigt – und Abram ist hier absolut bloßgestellt –, bringt Gott uns näher zu sich. Er bringt das Dunkel ans Licht, und als Christen können und dürfen wir es ihm übergeben, denn er trug die Last des ganzen Dunkels in uns.

»Und die Großen des Pharao sahen sie und priesen sie vor ihm. Da wurde sie in das Haus des Pharao gebracht. Und er tat Abram Gutes um ihretwillen . . .«

Das ist sehr ähnlich, wie viele schwarze Sklaven in Amerika behandelt wurden. Die Frau kommt als Konkubine ins Haus, und manchmal wurde der Mann deswegen besser behandelt, öfters aber nicht. Aber ist das richtig? Ist das eine Ehe, wo einer leidet für den anderen? Wir sollen beide bereit sein, Mann und Frau, Lasten zu tragen für den anderen, aber nicht einseitig. Die Überlegung Abrams war erniedrigend für seine Frau Sarai, daß es ihm gutgeht und sie benutzt werden kann in Auslieferung an einen fremden Mann.

». . . und er bekam Schafe, Rinder, Esel, Knecht und Mägde, Eselinnen und Kamele.«

Was ist wohl wichtiger, eine Frau zu haben oder Esel und Kamele? Diese Auflistung ist ein Fingerzeig gegen Abram: Du opferst deine Frau, dafür bekommst du Esel und Kamele. Erschreckend, wozu ein Egoist fähig ist!

»Aber der Herr plagte den Pharao . . .«

Das ist eine Vordeutung der zehn Plagen vor dem Auszug Israels aus Ägypten. Gottes Geschichte rollt sich wie Wellen auf – immer wieder Vordeutung und Erfüllung. Das begann schon, bevor die Welt erschaffen wurde. Denn das Wesen Gottes ist, der Schaffende zu sein, der seiende, der wirkende Gott – Jahwe. Wenn ein Jude gefragt wird, was das Wesen Gottes ist, wird er sagen: seine Heiligkeit und seine Gerechtigkeit. Ein Christ würde antworten: seine Liebe. Doch es ist weder das eine noch das andere. Vom gesamtbiblischen Standpunkt aus gesehen, ist das Wesen Gottes: Jahwe, der seiende, wirkende Gott. Das Wesen Gottes ist das Tun. Alles, was er sagt oder sieht, tut er. Das sind Wellen der Wirklichkeit, geschichtliches Wirken, heilsgeschichtliche Wege mit Israel, mit der Gemeinde und mit jedem von uns. Und eingebettet in dieses Wirken sind seine Liebe und seine Gerechtigkeit, und die sind nicht voneinander zu trennen. Jedes Gericht Gottes birgt Gnade in sich, leider kann aber jede Gnade Gottes von uns mißbraucht werden, wie dies Abram tut. Er hat den großen Segen Gottes, und er mißbraucht ihn.

»Aber der Herr plagte den Pharao . . .«

Gott handelt. Hatte Abram das vor lauter vordergründiger Angst vergessen und riskiert den Mißbrauch seiner Frau? Der Herr handelt, denn in allem was Abram erlebt, geht es um seinen Heilsplan. Aber Abram handelt aus *seiner* Sicht der Dinge und nicht nach dem, was Gott haben will.

»Aber der Herr plagte den Pharao und sein Haus mit großen Plagen um Sarais, Abrams Frau willen.«

Der Herr steht zu Sarai, wo Abram nicht mehr zu ihr steht. Das soll jede Frau wissen, die jemals in dieser Art mißbraucht oder mißhandelt wurde: Der Herr Jesus Christus steht zu ihr, auch wenn ihr Mann nicht zu ihr steht. Es gibt viele Frauen in dieser Welt, die viel Schlimmes erleben, auch von ihrem eigenen Mann. Ich sage immer wieder in unserem Frauenkreis: »Heiraten Sie einen frommen Mann.« Denn die Chance, daß es gutgeht, ist viel größer.

*»Da rief der Pharao Abram zu sich und sprach zu ihm: Warum
hast du mir das angetan?«*

Er, der Heide, ruft den Erwählten Gottes, den Gesegneten, und
sagt: »Du bist im Unrecht.« Pharao hat das Recht zu dieser
Feststellung. Wir Christen dürfen nicht meinen, besser zu sein,
weil wir Christen sind; es ist gefährlich, sich so zu überheben.
Denn leider handeln Nichtchristen öfters richtiger als wir. Die
Zeitschrift IDEA zitierte einmal den Satz: »Es wäre so schön,
wenn die Heiden frömmer wären – aber es wäre auch schön,
wenn die Frommen sich besser benehmen würden.« Darin steckt
nicht nur ein Körnchen Wahrheit. Für Juden gilt es wie für Christen als die Erwählten Gottes, daß wir nicht denken, aufgrund
unserer Erwählung könnten wir hinabschauen auf andere.

Der Pharao, der heidnische Pharao, sagt zu dem großen,
gesegneten Abram: »Warum hast du mir das angetan? Warum
sagtest du mir nicht, daß sie deine Frau ist? Warum sprachst
du denn: Sie ist meine Schwester, so daß ich sie mir zur Frau
nahm? Und nun siehe, da hast du deine Frau; nimm sie und
zieh hin.«

Weg damit! Als der Betrogene hat Pharao recht, Abram samt
seiner Familie auszuweisen. Weg damit! So war das auch, als
Israel aus Ägypten auszog. Die Ägypter gaben Gold und Silber,
damit sie die Israeliten nur loswurden. Nach den zehn Plagen
hatten sie natürlich unrecht mit ihrem Tun, denn sie waren böse
und hatten Israel mißhandelt.

*»Und der Pharao bestellte Leute um seinetwillen, daß sie ihn
geleiteten und seine Frau und alles, was er hatte.«*

Der Ägypter wollte sie los haben, und daß er sie mit aller Habe
ziehen läßt, ist ein Zeichen, daß er froh ist über diese Trennung.
Dies ganze Geschehen stellt uns die Frage, was wichtiger für uns
ist, unser Eigentum, unser Besitz oder unsere Frau. Wie viele
Männer handeln heute so, daß ihnen ihr Geld offensichtlich wichtiger ist als ihre Frau. Das ist ein absolut heidnisches Denken.
Wie war das nach dem Krieg? Wie viele Männer und Väter
sagten: »Wir brauchen Geld, damit wir mit unseren Frauen und
Familien gut leben können.« Sie machten viele Überstunden,

verdienten viel Geld, sie konnten ein Haus bauen, aber Ehe und Familie zerbrachen – denn ein Haus ist kein Heim. Eine wahre Liebesbeziehung muß ständig gepflegt werden, sonst geht sie zugrunde.

»So zog Abram herauf aus Ägypten mit seiner Frau und mit allem, was er hatte, und Lot auch mit ihm, ins Südland. Abram aber war sehr reich an Vieh, Silber und Gold.«

Im allgemeinen, vor allem in den Urgeschichten des Alten Testaments, in den Vätergeschichten, bedeutet Reichtum Segen. In späteren Geschichten des Alten Testaments wird deutlich, daß Reichtum Fluch bedeuten kann, so in Psalm 73: »Warum geht es den Gottlosen so gut in der Welt, und ich muß leiden?« Das ist noch nicht neutestamentlich. Vieles, was innerhalb des Alten Testaments passiert, wird weitergeführt im Neuen Testament. Reichtum ist ein Segen, kann aber auch zu einem Fluch werden, wenn man sein Herz an diesen Reichtum verliert. Das Neue Testament sagt: entweder der Mammon oder Gott! Ein Schwerkranker fragte vor einer lebensentscheidenden Operation nur noch nach dem Börsenbericht, nicht nach einer Bibel. Er wollte wissen, wieviel Geld er hat und was für Investitionen er noch machen könnte und wieviel Geld er hinterlassen würde, falls er stirbt. Die Frage nach Gott und seinem Willen war ganz weit draußen. So kann man am Geld hängen. Aber Geld kann auch etwas Positives sein, wenn es richtig benutzt wird, nämlich für andere im Sinne Jesu.

»Und er zog immer weiter vom Südland bis nach Bethel . . .«

Dieses Bethel liegt heute mitten in den »Westbanks«; man spricht von »besetzten Gebieten«, aber es ist Kernland Israels. Die Bibel zeigt häufiger in zwei Richtungen: Bethel – da denken wir gleich an Jakob, seinen Traum, seine Beziehung zu Gott –, aber wir sollen auch an Amos denken; er ging an diesen Ort und sagte, daß die Frau des Priesters zur Hure und der Priester und die Kinder umgebracht werden würden, denn Bethel war zum Götzenhaus geworden. Der Name zeigt in beide Richtungen, das Bethel Jakobs und das Bethel Amos'. So können auch Kirchen, Gemeinden oder ihre Werke gegenläufige Entwicklungen nehmen, aber Gottes Wort bleibt, auch wenn es andere Wege geht, für andere Orte zum Segen wird.

». . . nach Bethel, an die Stätte, wo zuerst sein Zelt war, zwischen Bethel und Ai . . .«

Abram kehrt zurück. Auch Jesus kehrt zurück: »Geht zum See Genezareth, da werde ich euch begegnen.« Wo er ganz am Anfang seiner Tätigkeit seine Jünger berufen hatte, da will er sie als Auferstandener wieder treffen. So war es schon bei Abram, von dem diese Linie bis zu Jesus führt: zurück zu einem Ort mitten in Israel.

». . . eben an den Ort, wo er früher den Altar errichtet hatte. Dort rief er den Namen des Herrn an.«

Er rief den unaussprechlichen Namen an, Jahwe, den ich als Christ so aussprechen kann; das ist eigentlich kein Name, sondern eine Deutung Gottes als »der Seiende, der Wirkende«. – »Du hast gewirkt, du hast gehandelt und hast mich aus dieser großen Not herausgeholt. Deswegen will ich dich anbeten als den Herrn des Lebens, Herr über mein Leben und alles, was ich habe.« Er aber hatte seine Frau ausgeliefert, um selbst am Leben bleiben zu können. Welch ein Zwiespalt in diesem großen Glaubensmann! Auch Martin Luther lebte in einem solchen, als er am Ende seines Lebens erschreckend Negatives über die Juden schrieb. Da ist Zwiespalt im Denken großer Menschen, auch großer Gläubiger. Nur in Christus war kein Zwiespalt. Er ist die große Ausnahme, er ist anders. Daß Abram zu Opfer und Altar zurückkehrte, bedeutet, daß er Gemeinschaft neu suchen und annehmen will, die der Herr, der Gott Israels, ihm gegeben hatte, der vierfache Segen: Volk, Land, Segen oder Fluch und die messianische Verheißung. Hier geht es vor allem um das Land, aber auch schon um das Volk, das dann bei Isaak im Zentrum stehen wird.

»Lot aber, der mit Abram zog, hatte auch Schafe und Rinder und Zelte.«

Auch Lot ging es äußerlich nicht schlecht. Doch es ist nicht ein

22

Privileg von Juden, reich zu sein. Auch in den Städten Israels gibt es Armutsviertel, in denen arme Juden leben.

»Und das Land konnte es nicht ertragen, daß sie beieinander wohnten . . .«

Es gab zunächst nicht genügend Land für beide und ihre großen Herden. Zudem stand noch die Verheißung über dem Land, nach der sie sich ausbreiten mußten, um es einmal als ganzes Erbteil übernehmen zu können. Es fällt auf, daß das Wort »Land« hier wie etwas Persönliches gebraucht wird, als ob es ein Wesen wäre. So ist es ständig mit dem Land Israel. »Das Land ist wie eine geschmückte Braut«, schöngemacht für das Volk Israel; denn das Volk ist der Bräutigam und das Land ist die Braut. Und sie haben beide denselben Namen: Israel. Sie gehören zueinander. Dieses Land wird blühen, wenn das Volk in ihm lebt. So blüht es bei Abram, so blüht es bei Lot – schon allein deswegen müssen sie sich trennen. Aber wenn Israel nicht mehr im Land ist, dann liegt alles brach, wie es selbst unter dem englischen Mandat zu beobachten war. Als aber die armseligen Juden aus Polen, Rußland und Rumänien zurückkamen, die erste Aliyah, fing plötzlich aus Malariasümpfen heraus das Land an zu blühen. Das Land wurde mit Leben erfüllt. Warum? Es ist das Zeichen von Gottes Treue. Jerusalem und das himmlische Jerusalem, das blühende Land und das blühende Tausendjährige Friedensreich entsprechen sich. Das Land blüht als Zeichen dafür, wie die Welt neu blühen wird im Tausendjährigen Friedensreich hier auf Erden. Und das endgültige Blühen wird in Gottes Reich sein. Wir merken: Der Begriff »Land« ist hier physisch zu verstehen, nicht nur geistlich.

». . . denn ihre Habe war groß, und sie konnten nicht beieinander wohnen. Und es war immer Zank zwischen den Hirten von Abrams Vieh und den Hirten von Lots Vieh. Es wohnten auch zu der Zeit die Kanaaniter und Perisiter im Lande.«

Die Hirten sollen weiden, was Abram und Lot als Zeichen des Segens besitzen; aber statt zu weiden, zanken sie miteinander. Das ist ein zentrales biblisches Thema: die guten und die schlechten Hirten. Im ganzen Alten Testament gibt es eine starke Polemik gegen die schlechten Hirten. Haarsträubender könnte es nicht beschrieben sein als in Hesekiel 34 oder in Jeremia 23; es gibt weitere Texte dazu beim Propheten Sacharja und anderen Propheten. Diese Texte sind an uns Pfarrer gerichtet, denn wir sollen die Hirten der Gemeinde sein. Aber wie oft versagen wir. Wie oft? Auch gute Hirten versagen und machen viele Fehler. Aber wie viele »Hirten« haben aufgehört, Gottes Wort zu predigen: Sie predigen den Zeitgeist. Sie sind nicht mehr Hirten der Gemeinde, sondern »Hirten« ihrer Politik, ihrer Psychologie oder der Soziologie. Aber ob Gott Hirten vergibt, die sein Volk, seine Gemeinde nicht weiden? Der Maler Breughel hat ein Bild gemalt, wie der Hirte seine Schafe im Stich läßt und der Wolf kommt und sie reißt. Es gibt so viele »Wölfe«, denen die Gemeinde zum Raub wird. Deswegen betet David: *»Der Herr* ist mein Hirte.« Deswegen sagt Jesus von sich, daß *er* der gute Hirte ist. Vom Versagen der Hirten wird im Alten wie im Neuen Bund gesprochen – deswegen muß Jesus wiederkommen als der endgültige Hirte. Biblisches Denken ist immer breit angelegt. Heilsgeschichtliches Denken sieht die Texte nie isoliert. Gott denkt in vielen großen Bögen und Linien – das ist der Weg zu biblischem Denken.

Lot, der Neffe Abrams, war mit ihm aus Haran aufgebrochen, und nun ertrug das Land nicht ihre großen Herden. Die Weidegründe und Wasserstellen reichten nicht mehr aus. Es kommt zum Streit unter den Hirten, Streit ums Weiderecht. Das ist ein Bild für die Situation mancher unserer Gemeinden, wo es soviel Selbstgerechtigkeit auch unter frommen Christen gibt. Abram gibt hier ein zentrales Beispiel: Laßt uns aufhören zu zanken! Das ist zunächst einmal eine Voraussetzung für das Finden eines Weges aus einem Dilemma. In Glaubensfragen muß um der Eindeutigkeit des Evangeliums willen aber auch mancher Streit durchgestanden werden. Wir denken an Luthers Streiten – das war recht. Aber wenn es in einem Kreis Streit gibt, in dem alle fromm sind, dann stimmt etwas nicht. In der Regel sind die Menschen dann selbstgerecht und pharisäisch; nur *sie* wissen, was gültig ist, andere wissen es nicht. Wenn jeder die Ursache zum Streit bei sich selbst zuerst sucht, bewegen wir uns in den Leitlinien Jesu: »Zieh zuerst den Balken aus dem eigenen Auge; danach sieh zu, wie du den Splitter aus deines Bruders Auge ziehst.« Von Selbstgerechtigkeit und Scheinheiligkeit müssen wir befreit werden.

Das ist der Weg zum Friedenstiften. Gottes Wort ist nicht nur für die anderen da, sondern gerade auch für uns. Gott will keinen Streit unter Brüdern und Schwestern. Deswegen sollen wir Frieden stiften. Wie stiftet man aber Frieden? Indem man sich selbst mit seiner Schuld unter den friedenstiftenden Jesus stellt und um Vergebung bittet. Jeder wahre Christ soll bereit sein, das anzunehmen und von daher kommend zu vergeben. Wenn wir unter Brüdern und Schwestern nicht in Eintracht leben können, was für ein Beispiel geben wir damit der Welt?! Wie oft geht es dabei um absolute Randthemen, die in der Bibel nicht im Zentrum stehen! Aber durch ihre intensive Behandlung können sie zu Spaltungen führen. Aber wenn wir uns spalten, sind wir eine leichte Beute für die Mächte und Kräfte, die gegen uns sind. Seien wir uns darüber im klaren! Der Zank muß beendet werden!

»Steht dir nicht alles Land offen? Trenne dich doch von mir! Willst du zur Linken, so will ich zur Rechten, oder willst du zur Rechten, so will ich zur Linken.«

Kann Abram so reden? Er hat aus seinem beschämenden Umgang mit seiner Frau gelernt. Jetzt kann er für sich alles aufs Spiel setzen, das Risiko eingehen, daß er das magere Land bekommt, mit dem es ihm möglicherweise äußerlich schlechtgehen wird. Aber er weiß: Der Herr sorgt für mich. Abram hat gelernt – obschon Lot nicht so wichtig ist wie seine Frau. Jetzt gibt er in absoluter Redlichkeit Lot, was dieser begehrt. Das sollten auch wir bedenken, wenn wir einmal in Streit geraten sind, ob mit dem Ehegatten, mit Verwandten oder mit anderen Christen: Der Herr wird für uns sorgen, er wird Frieden bringen. Wenn wir dem andern Raum geben. Wenn wir auf den Herrn vertrauen, auf sein Wort, werden wir redlicher, und wir werden Frieden im Sinne Jesu suchen und finden. Und Abram sieht: Der Herr sorgt für mich. Deshalb kann er im Vertrauen auf ihn handeln. Deshalb sieht er nicht fleischlich, sondern geistlich. Das hat Abram gelernt. Und auch wir sollen das lernen, wobei Jesus uns Lehrmeister sein will.

»Da hob Lot seine Augen auf und besah die ganze Gegend am Jordan. Denn ehe der Herr Sodom und Gomorra vernichtete,

war sie wasserreich, bis man nach Zoar kommt, wie der Garten des Herrn, gleichwie Ägyptenland.«

»Der Garten des Herrn« und »Ägyptenland« – interessant, dieser Vergleich! Und Sodom und Gomorra – äußerlich waren es blühende Städte, innerlich aber böse. Dieser Gegensatz muß uns nachdenken lassen – äußerlich schön und gut, innerlich aber verdorben. Es geht um den Geist, das Innere, das Motivierende, nicht um das Fleischliche, das Äußere. Lot sieht nur das Äußere, den Schein. Wie viele Männer heiraten eine Frau nur wegen ihrer Schönheit und merken später, daß diese Frau doch nicht zu ihnen paßt. Oder Frauen heiraten ihren großen, starken Helden und stolpern erst später über seine Schwächen. Solche Beobachtungen schließen nicht aus, daß es auch starke oder schöne Menschen gibt, die ein gutes Inneres haben. Es ist nicht alles Blendwerk.

»Da erwählte sich Lot die ganze Gegend am Jordan und zog nach Osten. Also trennte sich ein Bruder von dem andern, so daß Abram wohnte im Lande Kanaan und Lot in den Städten am unteren Jordan. Und Lot zog mit seinen Zelten bis nach Sodom. Aber die Leute zu Sodom waren böse und sündigten sehr wider den Herrn.«

Wie die Leute in Sodom sündigten, wird in Kap. 19 erschütternd deutlich. Bei uns sind heute Begriffe wie Gruppensex, Kindersex, Homosexualität u. a. Begriffe der Umgangssprache. Dieser frühe biblische Text ist ein endzeitlicher Text. Das ist unsere Zeit. Wie lange wird Gott in seiner Langmut noch warten, bis das Gericht über uns hereinbricht? Schamlos wird in unseren Medien aller Schmutz breitgetreten.

»Als nun Lot sich von Abram getrennt hatte, sprach der Herr zu Abram: Hebe deine Augen auf und sieh von der Stätte aus, wo du wohnst, nach Norden, nach Süden, nach Osten und nach Westen.«

Abram steht hier im Zentrum des Landes und sieht, was Gott ihm zeigt. Und dieses Zentrum wollte Rabin in unseren Tagen wieder weggeben? Nur das läßt uns nicht aufbegehren, daß auch ein Rabin (oder einer seiner Nachfolger) Gott dienen muß. Die Zeit wird durch seine Entscheidung verkürzt werden. Wenn die Zeit nicht verkürzt würde am Ende der Tage, würden wir alle vom Glauben abfallen. Die Zeit wird durch solche fleischlichen Entscheidungen deutlich verkürzt werden. Wir werden sehen, wie der Herr handelt.

»Denn all das Land, das du siehst, will ich dir und deinen Nachkommen geben für alle Zeit und will deine Nachkommen machen wie den Staub auf Erden. Kann ein Mensch den Staub auf Erden zählen, der wird auch deine Nachkommen zählen. Darum mach dich auf und durchzieh das Land in die Länge und Breite, denn dir will ich's geben.«

Hier begegnet uns noch einmal die Land- und Volkverheißung Jahwes. Und einer aus den Nachkommen zog später durch das ganze Land in die Länge und Breite und nahm es zeichenhaft in Besitz – Jesus Christus. Er wählte zwölf Jünger – ein Bild für die Wiederherstellung der zwölf Stämme Israels im Geist – und zeigte sich dann am Schluß in der Inschrift über sich am Kreuz: Jesus von Nazareth, König der Juden.

»Und Abram zog weiter mit seinem Zelt und kam und wohnte im Hain Mamre, der bei Hebron ist, und baute dort dem Herrn einen Altar.«

Hebron – die zweitheiligste Stadt in Israel. Die Stadt, in der die Patriarchen begraben sind. Die Kalebsstadt und die Stadt, in der David sieben Jahre als König über Israel regierte. In Israel gibt es für Juden vier heilige Städte, zwei aus biblischem Grund: Jerusalem, die hochheilige Stadt, und Hebron. Die beiden anderen heiligen Städte, Tiberias und Zefat, sind heilig, weil in Tiberias Maimonides wirkte und weil Zefat die Stadt der Mystiker ist. In ihrer unmittelbaren Nähe, im Hain Mamre, läßt Abram sich nieder. Über allen Irrwegen der Menschen dürfen wir wissen, daß der Herr handelt – wie und wann er will. Er hat gegenüber Pharao und auch Abram gehandelt, daß Sarai freikommt. Und er wird auch in unserer Zeit handeln, in einer Art und Weise, die niemand voraussehen kann. Gott allein verfügt über seinen Heilsplan. Zwar zeigt er uns schon viel von dem, was er vorhat, aber *wie* sich das alles entfaltet und *wann* sich das alles ereignen wird und welche großen Überraschungen damit noch verbunden sein werden – darauf müssen wir noch geduldig warten. Die Geschichte Abrams lehrt uns: Er hat gelernt, dem Herrn zu vertrauen. Und das wollen wir jetzt auch in unserem praktischen Leben. Von unserem umtriebigen und hektischen Äußeren unseres Lebens müssen wir wieder zu dem Wesentlichen zurückkommen – und das ist zu Christus selbst, zu ihm.

Abram und Melchisedek

Das Tal Siddim aber hatte viele Erdharzgruben. Und die Könige von Sodom und Gomorra wurden in die Flucht geschlagen und fielen da hinein, und was übrigblieb, floh auf das Gebirge. Da nahmen sie alle Habe von Sodom und Gomorra und alle Vorräte und zogen davon. Sie nahmen auch mit sich Lot, Abrams Brudersohn, und seine Habe, denn er wohnte in Sodom, und zogen davon. Da kam einer, der entronnen war, und sagte es Abram an, dem Hebräer, der da wohnte im Hain Mamres, des Amoriters, des Bruders von Eschkol und Aner. Diese waren mit Abram im Bund. Als nun Abram hörte, daß seines Bruders Sohn gefangen war, wappnete er seine Knechte, dreihundertundachtzehn, in seinem Hause geboren, und jagte ihnen nach bis Dan und teilte seine Schar, fiel des Nachts über sie her mit seinen Knechten und schlug sie und jagte sie bis nach Hoba, das nördlich der Stadt Damaskus liegt. Und er brachte alle Habe wieder zurück, dazu auch Lot, seines Bruders Sohn, mit seiner Habe, auch die Frauen und das Volk. Als er nun zurückkam von dem Sieg über Kedor-Laomer und die Könige mit ihm, ging ihm entgegen der König von Sodom in das Tal Schawe, das ist das Königstal. Aber Melchisedek, der König von Salem, trug Brot und Wein heraus. Und er war ein Priester Gottes des Höchsten und segnete ihn und sprach: Gesegnet seist du, Abram, vom höchsten Gott, der Himmel und Erde geschaffen hat; und gelobt sei Gott der Höchste, der deine Feinde in deine Hand gegeben hat. Und Abram gab ihm den Zehnten von allem. Da sprach der König von Sodom zu Abram: Gib mir die Leute, die Güter behalte für dich! Aber Abram sprach zu dem König von Sodom: Ich hebe meine Hand auf zu dem HERRN, dem höchsten Gott, der Himmel und Erde geschaffen hat, daß ich von allem, was dein ist, nicht einen Faden noch einen Schuhriemen nehmen will, damit du nicht sagest, du habest Abram reich gemacht, ausgenommen, was die Knechte verzehrt haben; doch laß die Männer

Aner, Eschkol und Mamre, die mit mir gezogen sind, ihr Teil nehmen. 1. Mose 14, 10-24

Abram, der Vater aller Hebräer, zeigt sich hier redlich in allem, was er tat:

1. Er hielt zu seinem Neffen Lot, auch wenn Lot in der verdorbenen Stadt Sodom wohnte – eine Wahl, welche Lot selbst getroffen hatte.
2. Er weigerte sich, selbst etwas vom König von Sodom zu nehmen – ».. . damit du nicht sagest, du habest Abram reich gemacht.«
3. Das bedeutet nicht nur, daß er sich selbst nicht bereichern wollte mit dem, was ihm nicht gehört und was vor Gott nicht taugt, sondern zugleich gibt er dem Herrn den Zehnten von seinem Besitz. Damit erkennt er den Herrn, den »höchsten Gott«, als Geber aller Gaben an.

Dazu wird in unserem Text etwas über die Grenzen Israels vorgedeutet: ».. . und jagte ihnen nach bis Dan.« Ja, der Segen an Abram, hier der Segen des Landes, wird sich mit der Zeit erstrekken bis zur nördlichsten Grenze, »bis Dan«. Abram wird einmal, auch wenn er damals nur ein kleiner Heerführer war, das ganze Land übernehmen und die Landverheißung von Beerscheba im Süden, wo Abram auch zu finden war, bis Dan im Norden verwirklichen. Gottes Heilsplan ist von Anbeginn seiner Verheißungen in Gang gesetzt. Er heißt nicht nur »der höchste Gott«, sondern Jahwe, »der seiende, der wirkende Gott«. Und sein Wirken, sein heilsgeschichtliches Wirken kennt keine Grenzen, weder Grenzen der Zeit noch des Raums. Sein Weg des Heils, angefangen mit Abram, wird als Angebot später in Jesus Christus die ganze Welt umfassen.

Diese unwiderstehliche Wahrheit ist noch tiefer verankert in unserem Text, nämlich in Abrams Begegnung mit Melchisedek, dem König von Salem und »Priester Gottes des Höchsten«.

Dieser Melchisedek ging Abram entgegen, als der vom Sieg über die Könige zurückkam, und segnete ihn; Abram gab ihm auch den Zehnten von allem. Melchisedek heißt übersetzt sowohl »König der Gerechtigkeit« als auch »König des Friedens«, denn er ist auch König von Salem. Er ist ohne Vater, ohne Mutter, ohne Stammbaum, hat weder Anfang der Tage noch Ende des Lebens. So gleicht er dem Sohn Gottes und bleibt »Priester in Ewigkeit« – so wird er im Neuen Testament im Hebräerbrief genannt.

Wir wollen diese Begegnung zwischen Abram und Melchisedek in sechsfacher Art und Weise betrachten:

1. Melchisedek ohne Stammbaum, ohne Vater und Mutter, König des Friedens und der Gerechtigkeit
2. Melchisedek als Hoherpriester und dazu auch Aaron, der erste Hohepriester Israels
3. Melchisedek als Priesterkönig
4. Melchisedek überreicht Abram Brot und Wein
5. Melchisedek segnet Abram
6. Abram antwortet auf diesen Segen, indem er Melchisedek den Zehnten überreicht.

Alle diese Punkte haben letzten Endes, wie der Hebräerbrief uns deutlich zeigt, mit Jesus Christus zu tun.

1. Melchisedek ohne Stammbaum, ohne Vater und Mutter, König des Friedens und der Gerechtigkeit

Dieser Melchisedek stammt aus Salem, welches später Jerusalem heißen wird. Salem bedeutet Frieden. Jerusalem wird für Israel, nach Abrams Begegnung mit Melchisedek, die Stadt Davids, Israels gerechtem König, dem die Verheißung einer ewigen Dynastie gegeben wird, gegründet in dem Sohn Davids, in Jesus Christus. Melchisedek, ohne Stammbaum, anscheinend ohne Vater und Mutter, hat aber einen Ort, welcher sein Wesen bezeichnet, die Stadt Jerusalem (Salem), die Stadt des Friedens und ewigen Friedens, die Stadt Davids und die Stadt von Jesu Kreuz und Auferstehung, und damit die Stadt des Friedens mit dem Vater und der Gerechtigkeit, der Erfüllung des Gesetzes – »Es ist vollbracht«, rief Jesus am Kreuz.

2. Melchisedek als Hoherpriester

In der Malmsheimer Kirche ist durch die neuentdeckten Gemälde
auf der rechten Seite ein Bild von Aaron zu sehen, völlig ausge-
stattet als Hoherpriester ist er dargestellt, mit seiner Kleidung,
aber noch wichtiger mit seinem Räuchergefäß und mit einem
Buch, der Thora, in den Händen. Das bedeutet, Aaron als der erste
Hohepriester Israels, der durch das Rauchopfer Verbindung mit
dem unsichtbaren Gott sucht und durch das Buch Hüter des
Gesetzes wird. Daneben ist ein Text aus dem Hebräerbrief geschrieben, der in Beziehung zu diesem geheimnisvollen Melchisedek steht, dem Hohenpriester aus den Heiden und zugleich
Priester »Gottes des Höchsten«. Beide Aussagen, in Beziehung
zu Aaron und Melchisedek gesetzt, münden in Jesus Christus,
dem Hohenpriester in alle Ewigkeit, aus dem Geschlechte der
Israeliten, damit in der Nachfolge von Aaron. Aber seine Gerechtigkeit ist unbegrenzt, auch für die Heiden – und damit geistlicher
Nachfolger von Melchisedek. Ja, Jesus ist nicht nur der Hohenpriester in alle Ewigkeit, sondern zugleich das geschlachtete Op-
ferlamm für unser Heil.

3. Melchisedek als Priesterkönig

Dieser Melchisedek ist nicht nur ein »Priester Gottes des Höchsten«, dazu aus den Heiden, in der Stadt des ewigen Friedens,
Salem bzw. Jerusalem, sondern er ist zugleich ein König. Diese
Linie geht über David, den gerechten König Israels, der aber auch
die Stelle des Priesters einnimmt, als er, wie der Priester, die
Schaubrote Israels aß oder als er mit einem Priesterschurz um die
Bundeslade tanzte. Und Jesus Christus, so sagt der Hebräerbrief,
ist der Priesterkönig nach der Linie Melchisedeks und Davids –
aber in alle Ewigkeit.

4. Melchisedek überreicht Abram Brot und Wein

Diese Aussage spricht von Tischgemeinschaft, einem gesamtbiblischen Thema, das seinen Höhepunkt vor allem hat in der

endgültigen Tischgemeinschaft mit Brot und Wein durch Jesu heiliges Abendmahl. Brot bedeutet in der Bibel Leben. Daß dieses Leben vom Himmel kommt, wird durch das Manna in der Wüste bezeugt. Jesus aber nahm das Brot in Beziehung zu seinem Leib, welcher für uns gekreuzigt wurde: »Nehmet und esset, das ist mein Leib, für euch gegeben.« Hier ist Jesu Angebot des Lebens und ewigen Lebens in ihm. »Wein erfreut des Menschen Herz« (Ps. 104,15) – er soll ihn aber nicht zu sehr, im Übermaß, erfreuen. Denn »Jesus nahm den Kelch . . . Nehmet, trinket, das ist mein Blut des neuen Bundes.« Dieses Thema hat mehrere Zwischenstadien, zum Beispiel die erste Plage in Ägypten, als der Nil in Blut verwandelt wurde; es war der erste Schritt auf dem Weg der Befreiung der Israeliten, deren Zielsetzung in Jesu endgültiger Befreiungstat am Kreuz für uns erwirkt wird. Auch Jesu erstes Wunder auf der Hochzeit zu Kana leuchtet auf, als Reinigungswasser in Wein verwandelt. »Meine Zeit ist noch nicht gekommen«, sagt Jesus noch kurz vor seiner Vollmachtstat – aber er tut das Wunder als Zeichen seines erlösenden Blutes, unserer wahren Reinigung, damit wir in Freude mit ihm Hochzeit feiern dürfen in seinem Reich. Hier aber wird durch Melchisedeks Begegnung mit Abram der Weg vorbereitet zum Heiligen Abendmahl, dem Neuen Bund und zur ewigen Befreiung in Jesu Kreuzesblut.

5. Melchisedek, dieser Priesterkönig von Salem, segnet Abram

». . . und segnete ihn und sprach: Gesegnet seist du, Abram, vom höchsten Gott, der Himmel und Erde geschaffen hat; und gelobt sei Gott der Höchste, der deine Feinde in deine Hand gegeben hat.« Dieser Segenszuspruch durch den gerechten, friedenstiftenden Priesterkönig aus den Heiden ist eine neue Bestätigung des Segens an Abram von dem höchsten Gott: »In dir sollen gesegnet werden alle Völker auf Erden.« Melchisedek verkörpert das Heil, welches Jesus Christus als wahrer, friedenstiftender Priesterkönig für die Heiden bringen wird durch sein Kreuzesblut: den endgültigen Segen des höchsten Gottes. So sehen wir Jesus bei seiner Erhöhung am Kreuz mit segnenden, ausgestreckten Händen, Segen spendend für die ganze Welt, für alle Völker.

6. Und wie antwortet Abram,

das erste Glied auf diesem Weg der Verheißung Gottes, auf diese Hingabe, auf Brot und Wein und auf diesen Segen des gerechten, friedenstiftenden Priesterkönigs Melchisedek? Er antwortet, indem er handelt: »Abram gab ihm den Zehnten von allem.« Was bedeutet das? Die Anerkennung der Herrschaft Gottes, der Herrschaft des höchsten Gottes über alles, was lebt und sich regt, auch über die Werke unserer Hände. Und später ist es durch Abrams Bereitschaft, Isaak dem Herrn zu opfern, die Anerkennung des höchsten Gottes als Herrscher über uns selbst und als Vorantreiber seiner heilbringenden Gerechtigkeit und seines Friedens, deren Vollendung in der Opferung Jesu Christi stattfinden wird.

Dies alles geschieht direkt am Anfang von Gottes Heilshandeln durch Abram und Gottes Verheißungen für ihn. So umfassend ist diese Begegnung zwischen Melchisedek und Abram, denn die ganze Heilsgeschichte – Jesus als gerechter, friedenstiftender Hohenpriesterkönig in alle Ewigkeit, sein Opfer für uns – wird hier so deutlich wie möglich vorgedeutet. Der Herr, Jahwe, ist der wirkende Gott. Niemand, keine Mächte und Kräfte können sein heilsgeschichtliches Wirken aufhalten: Eine Geschichte für und mit Israel, für die Gemeinde Jesu und für jeden einzelnen von uns. Gelobt sei Gott der Höchste, Jesus Christus, unser gerechter, friedenstiftender Priesterkönig in alle Ewigkeit!

Gott verheißt Abram einen Sohn und macht einen Bund mit ihm

Nach diesen Geschichten begab sich's, daß zu Abram das Wort des HERRN kam in einer Offenbarung: Fürchte dich nicht, Abram! Ich bin dein Schild und dein sehr großer Lohn. Abram sprach aber: HERR, mein Gott, was willst du mir geben? Ich gehe dahin ohne Kinder, und mein Knecht Elieser von Damaskus wird mein Haus besitzen. Und Abram sprach weiter: Mir hast du keine Nachkommen gegeben; und siehe, einer von meinen Knechten wird mein Erbe sein. Und siehe, der HERR sprach zu ihm: Er soll nicht dein Erbe sein, sondern der von deinem Leibe kommen wird, der soll dein Erbe sein. Und er hieß ihn hinausgehen und sprach: Sieh gen Himmel und zähle die Sterne; kannst du sie zählen? Und sprach zu ihm: So zahlreich sollen deine Nachkommen sein! Abram glaubte dem HERRN, und das rechnete er ihm zur Gerechtigkeit. Und er sprach zu ihm: Ich bin der HERR, der dich aus Ur in Chaldäa geführt hat, auf daß ich dir dies Land zu besitzen gebe. Abram aber sprach: HERR, mein Gott, woran soll ich merken, daß ich's besitzen werde? Und er sprach zu ihm: Bringe mir eine dreijährige Kuh, eine dreijährige Ziege, einen dreijährigen Widder, eine Turteltaube und eine andere Taube. Und er brachte ihm dies alles und zerteilte es in der Mitte und legte je einen Teil dem andern gegenüber; aber die Vögel zerteilte er nicht. Und die Raubvögel stießen hernieder auf die Stücke, aber Abram scheuchte sie davon. Als nun die Sonne am Untergehen war, fiel ein tiefer Schlaf auf Abram, und siehe, Schrecken und große Finsternis überfiel ihn. Da sprach der HERR zu Abram: Das sollst du wissen, daß deine Nachkommen werden Fremdlinge sein in einem Lande, das nicht das ihre ist; und da wird man sie zu dienen zwingen und plagen vierhundert Jahre. Aber ich will das Volk richten, dem sie dienen müssen. Danach sollen sie ausziehen mit großem Gut. Und du sollst fahren zu deinen

Vätern mit Frieden und in gutem Alter begraben werden.
Sie aber sollen erst nach vier Menschenaltern wieder hier-
herkommen; denn die Missetat der Amoriter ist noch nicht
voll. Als nun die Sonne untergegangen und es finster ge-
worden war, siehe, da war ein rauchender Ofen, und eine
Feuerflamme fuhr zwischen den Stücken hin. An dem Tage
schloß der HERR einen Bund mit Abram und sprach:
Deinen Nachkommen will ich dies Land geben, von dem
Strom Ägyptens an bis an den großen Strom Euphrat: die
Keniter, die Kenasiter, die Kadmoniter, die Hetiter, die
Perisiter, die Refaïter, die Amoriter, die Kanaaniter, die
Girgaschiter, die Jebusiter.   *1. Mose 15*

Gottes Wirken an Abram, dem ersten Patriarchen und Vater der
Gläubigen, hatte angefangen mit der vierfachen Verheißung: Sein
Volk wird ein großes Volk werden – sein Volk wird das Land
besitzen, welches der Herr ihm zeigen wird – wer Abram und
seine Nachkommen verflucht, wird verflucht werden, und wer
Abram segnet, wird gesegnet werden. »Durch dich werden gesegnet alle Völker auf Erden.« Diese grundlegenden Zusagen an
Abram mit dem Befehl, das heidnische Vaterland zu verlassen
und sich ein neues Land zeigen zu lassen, kann man als ein
Leitmotiv, als einen zentralen Befund in Beziehung zu Abrams
ganzem Leben, ja, auch in Beziehung zu Israels und unserer
ganzen Geschichte sehen. Israel soll Gottes erstgeliebtes Volk,
Gottes Eigentum werden, und durch dieses Volk soll der kom-
men, der das Heil für alle Völker sein wird. Israels Erwählung
und Segen gelten nicht nur für sich, sondern für die ganze Welt.
Anders gesagt: Das Alte Testament ist nicht ein »Judenbuch«,
sondern ein Buch für alle Völker. Denn was der Herr durch
Abram und seine Nachkommen tut, wird den Weg bereiten zum
Heil für alle Völker. Deshalb sprechen die Propheten auch zu den
Völkern rings um Israel und sogar zu Völkern, welche sehr weit
weg leben. Deshalb schließen sich die Menschen aus den Völkern
Israel an, schon bei ihrem Auszug aus Ägypten, bis hin zu den
Gottesfürchtigen, von denen das Neue Testament schreibt, die als
Heiden den Gott Israels anerkennen, aber nicht das ganze Gesetz
halten müssen. Viele dieser Gottesfürchtigen werden dann später
Christen. Es wird deutlich: Der Herr wirkt durch einzelne Men-

schen, wenn er Weltgeschichte gestaltet als »Jahwe«, als der seiende, wirkende, geschichtsgestaltende Herr.

In diesem Bibelabschnitt geht es direkt um zwei Aussagen des vierfachen Segens an Abram – um das große Volk und das Land Israel. Aber auch Segen und Fluch werden indirekt mit angesprochen, ebenso Gottes geschichtlicher Weg mit Israel und damit auch mit uns.

»Fürchte dich nicht, Abram! Ich bin dein Schild und dein sehr großer Lohn. Abram sprach aber: Herr, mein Gott, was willst du mir geben? Ich gehe dahin ohne Kinder, und mein Knecht Elieser von Damaskus wird mein Haus besitzen. Und Abram sprach weiter: Mir hast du keine Nachkommen gegeben.«

Wir lernen aus diesem Abschnitt, daß unser Glaube nicht ein passiver Glaube ist, wie bei den Götzen des Buddhismus und Hinduismus. Abram redet sehr direkt mit dem Herrn, klagt ihn indirekt sogar an. So sollen unsere Gebete sein, wie Martin Buber das ausdrückte: Gespräche in einer Ich-Du-Beziehung mit dem Herrn, oder wie die Propheten ständig fragen: »Herr, warum? Herr, wie lange?« Wir kämpfen innerlich um Richtungsweisung, um Antworten; und wenn wir keine Antworten bekommen, sagen wir, meinen wir und beten wir: »Aber Herr, dein Wille geschehe.« Und wenn wir Antworten bekommen, die uns nicht passen, die gegen unseren eigenen Willen sind, dann sagen wir, meinen wir und beten wir: »Aber Herr, du weißt viel besser, was wirklich für mich gut ist, dein Wille geschehe.« So erwidert Abram in unserem Text dem Herrn auch nichts, als der Herr voraussagte: »Das sollst du wissen, daß deine Nachkommen werden Fremdlinge sein in einem Lande, das nicht das ihre ist; und da wird man sie zu dienen zwingen und plagen vierhundert Jahre.« Vierhundert Jahre sind keine kurze Zeit. Aber der Herr verspricht Abram in dem Zusammenhang Nachkommen, obwohl seine Ehe bislang unfruchtbar war: »Sieh gen Himmel, und zähle die Sterne; kannst du sie zählen? Und er sprach zu ihm: »So zahlreich sollen deine Nachkommen sein.« Das versprach der Herr gleich nachdem Abram ihn angeklagt hatte, daß er ihm keine Nachkommen gegeben habe. Es ist zwar nicht unser Weg, den Herrn anzuklagen, seine Gerechtigkeit in Frage zu stellen. Aber manchmal fühlt sich der Herr trotz unseres Übermuts herausgefordert zu handeln, wie hier bei Abram, denn er ist der Herr des Lebens.

Ein Kollege erzählte mir aus seinem Leben: Als er acht Jahre alt war, platzte sein Blinddarm. Die Ärzte kamen damals an ihre Grenze und konfrontierten die Eltern mit dem Schlimmsten, sie hatten die Hoffnung für das Kind aufgegeben. Die frommen Eltern aber beteten um die Gesundheit ihres Sohnes, obwohl der Achtjährige seine Eltern angriff und den Herrn herausforderte: »Warum betet ihr denn? Euer Gott tut ja doch nichts.« Dann sei er in einen tiefen, einen ganzen Tag dauernden Schlaf gefallen. Als er aufwachte, sei er aufgestanden und gesund nach Hause gegangen – solch eine Erfahrung kann man nicht »machen«, denn der Gott der Bibel ist und bleibt der Herr, und er kann tun, wann und was er will, auch ohne unser Verdienst, manchmal sogar trotz unseres Versagens auch ihm gegenüber.

»Abram glaubte dem Herrn, und das rechnete er ihm zur Gerechtigkeit.«

»Allein aus Glauben« gilt als der zentrale Satz der Reformation, der in diesem Text einen seiner zentralen biblischen Pfeiler hat. Ich kann mich noch gut an die Gesichter mancher meiner Konfirmanden erinnern, als ich ihnen von der Entrückung im Zusammenhang von 1. Thessalonicher 4 erzählte. Mancher schmunzelte, wie die alt gewordene Sarai, Abrams Frau, schmunzelte, als sie hörte, daß sie in ihrem hohen Alter ein Kind gebären solle. Aber dann sagte ich zu meinen Konfirmanden: »Können wir uns überhaupt die Größe des Schöpfers vorstellen? Es gibt Sterne, die Milliarden von Lichtjahren von uns weg sein sollen. Und uns fällt es schon schwer, uns die Entfernung vorzustellen, die das Licht an einem Tag zurücklegt.

»Und der Herr sprach: Sieh gen Himmel, und zähle die Sterne; kannst du sie zählen? Und er sprach zu ihm: So zahlreich sollen deine Nachkommen sein!«

Israel war zwar immer ein kleines Volk, aber im gesamten Zeitablauf gesehen ist diese Aussage wahr geworden, denn Israel hat Verfolgung nach Verfolgung überlebt, bis die letzte solcher Verfolgungen im Dritten Reich das Volk zurück in sein Land brachte – ein endzeitliches Ereignis, welches der Prophet Hesekiel um 600 vor Christus im Kapitel 37 seines Buches genau voraussagte.

»Und er sprach zu ihm: Ich bin der Herr, der dich aus Ur in Chaldäa geführt hat, auf daß ich dir dies Land zu besitzen gebe. Abram aber sprach: Herr, mein Gott, woran soll ich merken, daß ich's besitzen werde?«

Abram fordert ein Zeichen vom Herrn. Das Land war groß und Abrams Geschlecht klein. Es steht uns nicht zu, in allen möglichen Situationen Zeichen vom Herrn zu fordern, denn der Herr hat sein endgültiges Zeichen, seine Liebe, seine Zusage, sein Heil für uns gegeben – sein Kreuz. Wer mehr als das Kreuz braucht, hat nicht begriffen, was das Kreuz Jesu bedeutet. Wer mehr als das Evangelium haben will, hat nicht das wahre Evangelium im Sinn. So antwortete auch Jesus seinen zeichenfordernden Gegnern, den Schriftgelehrten und Pharisäern, daß er ihnen nur ein Zeichen geben wird, nämlich das des Jona, der drei Tage im Bauch des großen Fisches war – eine Vordeutung seines Kreuzes. Aber damals ging der Herr in zweifacher Weise auf seinen Knecht Abram ein:

1. Durch Erschrecken und große Finsternis, welches Abram überfiel, und wie der Herr dies deutete; und
2. durch Gottes Bund mit Abram, nachdem dieser ihm geopfert hatte.

Bemerkenswert ist, daß wahrer Glaube fast immer bedeutet, in die Tiefe geführt zu werden, durch Leiden, sogar durch Irrungen und Wirrungen gehen zu müssen: »Als nun die Sonne am Untergehen war, fiel ein tiefer Schlaf auf Abram, und siehe, Schrecken und große Finsternis überfielen ihn. Da sprach der Herr zu Abram: Das sollst du wissen, daß deine Nachkommen werden Fremdlinge sein in einem Lande, das nicht das ihre ist; und da wird man sie zu dienen zwingen und plagen vierhundert Jahre.« Alle großen Helden Gottes gingen Wege, die menschlich gesehen als Irrungen und Wirrungen erschienen, bis der Herr mit ihnen an sein Ziel kam. Aber die Erkenntnis scheint mir biblisch richtig zu sein, daß unsere uns geradlinig vorkommenden Wege in Wirklichkeit voller Irrungen und Verwirrungen sind, daß aber Gottes Wege, ganz anders als wir sie sehen, immer gerade verlaufen. Wir sind gar nicht in der Lage, immer zu wissen, was und wann wir etwas brauchen; oft müssen wir leiden, um zum wahren Heil zu kommen; oft müssen wir, wie das Volk Israel, alle möglichen scheinbaren Irrwege gehen, bis der Herr mit uns am Ziel ist. *Er* ist der gute Hirte. Und als solcher führt er uns auf seinen Wegen, und diese Wege sind trotz unserer Zweifel gerade, gut und zielgerichtet.

»Aber ich will das Volk richten, dem sie dienen müssen. Danach sollen sie ausziehen mit großem Gut. Und du sollst fahren zu deinen Vätern mit Frieden und in gutem Alter begraben werden.«

Der Herr spricht hier seinen Segen, seinen Schutz, seine Führung über Abram und seine Zukunft und die Zukunft seines Volkes. Das gilt auch für jeden gläubigen Christen.

»Sie aber sollen erst nach vier Menschenaltern wieder hierher kommen; denn die Missetat der Amoriter ist noch nicht voll.«

Segen und Fluch. Und wie steht es hiermit in Deutschland, heute?

Jahwe, der seiende, wirkende Gott, hat seinen Heilsplan beschlossen von Ewigkeit zu Ewigkeit. Er wirkt, er erfüllt – aber wann und wie er will – an Israel, an der Gemeinde Jesu und an einem jeden von uns. Wir sollen endlich lernen, ihm ganz und gar zu vertrauen, denn er hält, was er verspricht. Und wenn wir daran glauben, dann wird er uns auf seinen Wegen führen, wenn wir diese auch nicht immer gleich als solche erkennen. Aber diese Wege sind seine guten und in seinem Sinne geraden Wege, und sie führen zu seinem Ziel für uns Gläubige, zu seinem ewigen Reich.

Hagar und Ismael

Sarai, Abrams Frau, gebar ihm kein Kind. Sie hatte aber eine ägyptische Magd, die hieß Hagar. Und Sarai sprach zu Abram: Siehe, der HERR hat mich verschlossen, daß ich nicht gebären kann. Geh doch zu meiner Magd, ob ich vielleicht durch sie zu einem Sohn komme. Und Abram gehorchte der Stimme Sarais. Da nahm Sarai, Abrams Frau, ihre ägyptische Magd Hagar und gab sie Abram, ihrem Mann, zur Frau, nachdem sie zehn Jahre im Lande Kanaan gewohnt hatten. Und er ging zu Hagar, die ward schwanger. Als sie nun sah, daß sie schwanger war, achtete sie ihre Herrin gering. Da sprach Sarai zu Abram: Das Unrecht, das mir geschieht, komme über dich! Ich habe meine Magd dir in die Arme gegeben; nun sie aber sieht, daß sie schwanger geworden ist, bin ich geringgeachtet in ihren Augen. Der HERR sei Richter zwischen mir und dir. Abram aber sprach zu Sarai: Siehe, deine Magd ist unter deiner Gewalt; tu mit ihr, wie dir's gefällt. Als nun Sarai sie demütigen wollte, floh sie von ihr. Aber der Engel des HERRN fand sie bei einer Wasserquelle in der Wüste, nämlich bei der Quelle am Wege nach Schur. Der sprach zu ihr: Hagar, Sarais Magd, wo kommst du her, und wo willst du hin? Sie sprach: Ich bin von Sarai, meiner Herrin, geflohen. Und der Engel des HERRN sprach zu ihr: Kehre wieder um zu deiner Herrin und demütige dich unter ihre Hand. Und der Engel des HERRN sprach zu ihr: Ich will deine Nachkommen so mehren, daß sie der großen Menge wegen nicht gezählt werden können. Weiter sprach der Engel des HERRN zu ihr: Siehe, du bist schwanger geworden und wirst einen Sohn gebären, dessen Namen sollst du Ismael nennen; denn der HERR hat dein Elend erhört. Er wird ein wilder Mensch sein; seine Hand wider jedermann und jedermanns Hand wider ihn, und er wird wohnen all seinen Brüdern zum Trotz. Und sie nannte den Namen des HERRN, der mit ihr redete: Du bist ein Gott, der mich sieht. Denn sie sprach: Gewiß habe ich hier hinter dem hergesehen, der mich angesehen hat. Darum nannte man den Brunnen »Brunnen des Lebendigen, der mich sieht«. Er liegt zwischen Kadesch und Bered. Und Hagar gebar Abram einen Sohn, und Abram nannte den Sohn, den ihm Hagar gebar, Ismael. Und Abram war sechsundachtzig Jahre alt, als ihm Hagar den Ismael gebar.

1. Mose 16

»Sarai, Abrams Frau, gebar ihm kein Kind.«

Das ist das erste Gebot in der Thora: »Mehret euch!« Weil das grundlegende Ereignis Gottes die Schöpfung ist, sollen wir aus dieser Schöpfung die physische Kraft bekommen, uns zu mehren. Das ist ein zentrales Thema in vielen Familien, in Dynastien, die ausgestorben sind; es ist auch ein zentrales Thema in der Bibel. Sie weiß von einer ganzen Anzahl Frauen zu berichten, die nicht in der Lage waren, Kinder zu bekommen. Sarai war eine von ihnen; Rahel, die sehr bevorzugt war wegen ihrer Schönheit, konnte zunächst auch kein Kind bekommen; ein weiteres Beispiel ist Hanna, die Frau Elkanas, der sie sehr liebhatte, sie aber litt sehr unter ihrer Kinderlosigkeit; auch der unfruchtbaren Ehe von Elisabeth und Zacharias wurde erst nach langem Beten im hohen Alter ein Kind gewährt.

Solche »Unschöpfung«, daß man kein Kind gebären kann, bedeutet letzten Endes, daß man an Gottes Schöpferkraft nicht richtig teilhat. Das ist die theologische Bedeutung. Gott aber zeigt an diesen Menschen, daß er Kinder gibt und daß er auch dann Kinder geben kann, wenn aus biologischen Gründen kein Kind zu erwarten ist. Auch das Entstehen des irdischen Lebens Jesu im Schoß der jungfräulichen Maria ist vor dem Hintergrund zu sehen, daß der Schöpfergott, wie ihn uns die Bibel bezeugt, als der Herr über den biologischen Gesetzen steht. Genauso ist er ja auch der Herr über den Gesetzen Moses, von denen Jesus bezeugt: »Mose sagte euch . . ., ich sage euch . . .« Wir kennen dies aus der »Bergpredigt« Jesu, die seine endgültige Auslegung des Willens Gottes im Geist des Gesetzes Mose ist. So ist es ein biblisches Thema: »Gottes Herrschaft über die biologischen Gesetze«. Die biologischen Gesetze hat der Herr mit seiner Schöpfung eingesetzt, Ordnungen, die sich nicht selbst schaffen, sondern dem

Meisterplan Gottes entsprechen. An einer Anzahl Frauen, die entweder zu alt waren, ein Kind zu bekommen, wie Sarai, oder unfruchtbar waren, wird deutlich, daß der Herr immer noch Leben geben kann. Es war eine seelsorgerliche Erfahrung für mich, miterleben zu dürfen, daß eine Frau, die ihr einziges Kind verloren hatte, noch zwei Kinder bekommen hat, obwohl die Ärzte das für unmöglich hielten. Der Herr ist Herr auch über biologische Gesetze. Als die Menschen der Urgeschichte in Folge ihrer Sünde merkten, daß sie sterblich waren, wich die Geborgenheit im Garten einer überschattenden Kühle. Als Maria vom Heiligen Geist »überschattet« wurde, wird das, was durch das Verhalten von Adam und Eva verlorenging, wiederhergestellt in Jesus Christus, unserem Herrn. So handelt Gott und stellt über die Gesetzmäßigkeit der Sünde das Handeln seines Heils. Der Maler Cranach hat einmal Jesus dargestellt mit einer Obstfrucht in der Hand, seine Augen sind auf den Betrachter gerichtet, als wollte er sagen: Durch dieses seid ihr alle gefallen, aber ich werde eure Beziehung zum Herrn wiederherstellen. Durch Adams und Evas Ungehorsam sind wir alle mit gefallen, durch Christus aber ist das Angebot des Heils für alle da.

Wir wissen alle, daß es Ehen gibt, die aus biologischen Gründen kinderlos bleiben. Aber diese sind deshalb sicherlich nicht vom Herrn benachteiligt. Vielmehr können sie zu einer außerordentlichen Bereicherung für unsere Gemeinden werden. Viele unserer besten Mitarbeiter sind Frauen oder Männer, die keine leiblichen Kinder haben, aber sie haben ihre »Kinder« in der Gemeinde. Sie haben »Kinder im Geist« wie der Apostel Paulus. Die Wertigkeit einer Ehe liegt nicht nur in der Gabe von Kindern – wenn dies zu Zeiten des Alten Bundes auch vorherrschend so war. Im Neuen Bund geht es aber nicht mehr vornehmlich um die Schöpferkraft Gottes, sondern um die Neuschöpfung in Christus. Es geht nicht insbesondere darum, ob man Kinder hat oder nicht, sondern ob man ein Kind Jesu wird, indem man ihn annimmt. Die Frage nach dem Kind in der Ehe gewinnt über die nach wie vor wirkende Schöpferkraft im Neuen Bund einen neuen Inhalt.

Vor dem Hintergrund der Verheißung Gottes an Abram gewinnt die Frage nach dem Kind noch eine ganz andere Dimension: »Durch dich sollen gesegnet werden alle Völker auf Erden.« Nachkommen aus einer unfruchtbaren Ehe? Mit zunehmendem

Alter wird die Frage brennend, und Ungeduld stellt sich ein. Doch der Herr kennt das Fragen unseres Herzens und hört unser Beten, wann und wie er will, öfters ganz anders, als wir es gerne sehen und haben wollen, und öfters zu einem Zeitpunkt, an dem wir es überhaupt nicht erwarten. Vergessen wir nicht: Er ist Herr über sein Wort und über seine Heilsgeschichte und über seinen Geist.

»Sie hatte aber eine ägyptische Magd, die hieß Hagar.«

Hagar – Ägypten, da laufen durch die Bibel geschichtliche Linien. Da lassen sich gleichsam dialektisch zwei Linien über Ägypten in der Bibel verfolgen: Ägypten ist ein Land der *Zuflucht* und das Land des Leids. Das erste erinnert uns an Josef oder an Jeremia und vor allem auch an Jesus Christus, der als Kind in Ägypten vor dem Kindermord in Bethlehem Zuflucht suchte. Ägypten – Ort der Zuflucht! Zugleich ist das auch eine Zeichenhandlung: Es ist ein Ort, an dem das Heil weitergegeben wird an die Heiden. In Jesaja 19 wird die Straße des Heils, die Friedensstraße, gezeigt, die von Israel über Ägypten nach Assyrien ins Land der Heiden führt. Jesus, unser Friede, geboren in Israel, geht nach Ägypten, kehrt zurück nach Jerusalem zum Heil der ganzen Welt und sendet schließlich seine Boten von Antiochien in Syrien, der ersten heidenchristlichen Gemeinde, mit der Botschaft des Evangeliums hinaus in alle Welt. Die andere Linie, die Linie des Leids, ist das Umgekehrte. Wenn ein Jude an Ägypten denkt, denkt er vor allem an die schreckliche Verfolgung, die seine Vorfahren vierhundert Jahre lang erlebt, erlitten haben. Schon damals war das Ziel der Verfolgung, das Volk auszurotten. Aber der Herr hat es errettet. So hat der Name Ägypten im biblischen Zusammenhang eine doppelte Bedeutung. Gott sieht: Hagar, die Ägypterin, wird Ismael (d. h. der Wanderer) gebären, der hier stellvertretend für die arabischen Völker erwähnt wird, für die wandernden Völker des Vorderen Orients. Während Ägypten eigentlich immer ein Kulturland war, dessen Einwohner von der Fruchtbarkeit der weiten Nilaue lebten. Es liegt bis heute eine tiefe Spannung darin: Ägypten, das fruchtbare Kulturland, und die unruhigen Beduinenstämme der arabischen Völker, die von dem Sohn stammen, der von Hagar geboren wird. Hagar – kommt aus Ägypten, ist aber eine Magd.

*»Und Sarai sprach zu Abram: Siehe, der Herr hat mich ver-
schlossen, daß ich nicht gebären kann.«*

Sarai weiß, sie ist nicht in der Lage Kinder zu bekommen, und
das kommt vom Herrn. Demgegenüber steht die große Verheißung desselben Herrn: »Durch dich, Abram, werden gesegnet alle
Völker auf Erden«, und »das Volk wird so zahlreich sein wie die
Sterne am Himmel oder der Sand am Meer«. Da muß doch
geradezu eine große Ungeduld aufbrechen. Und diese Ungeduld
wird verhängnisvoll. Sie will ans Ziel kommen. Der Herr hat
doch dies Ziel versprochen! Viel später hatten sich zwei
Menschen damit abgefunden, daß sie kein Kind bekommen
würden – Elisabeth und Zacharias. In ihrem Alter hegten sie
diese Hoffnung nicht mehr. In Sarai, in ähnlicher Situation, keim-
te ein anderer Gedanke auf: Wir bereiten das selbst vor. Beide
rechneten nicht mehr mit dem Vorhaben und dem Handeln des
Herrn. Es drängte sich der Sarai auf, die Dinge in die eigenen
Hände zu nehmen. Das ist gefährlich! »Geh doch zu meiner
Magd, ob ich vielleicht durch sie zu einem Sohn komme.« Für
uns ist diese Art zu denken befremdend, aber in jener Zeit war das
logisch: Ich bin die Herrin, sie ist die Magd, und sie übernimmt
stellvertretend, was ich nicht kann. Ob ihr bewußt war, daß das
ein Spielen mit dem Feuer war? Wenn nämlich eine Frau ein Kind
bekommt, ist *sie* die Mutter; da gibt es keine Stellvertretung –
wenn heute auch das Problem der »Leihmutter« wieder wohlwol-
lend diskutiert wird. Nein, hier geht es um den intimsten Bereich.
Sarai spielt mit dem Feuer, weil sie der Möglichkeit Raum gibt,
daß ihr Mann an der andern Frau festhalten kann. Denn Geschlechtsverkehr ist ja nicht nur ein physischer Akt – mindestens
sollte es nicht so sein –, sondern er umschließt die ganze Person
beider Beteiligten. War Sarai in ihrer Ungeduld bereit, diesen
vom Schöpfer gewollten Schutz aufs Spiel zu setzen? Der Gedanke der Logik jener Zeit ist da keine befriedigende Antwort, die
zeitlos gültig wäre. Ihr Vorgreifen vor Gottes Handeln bringt für
Israel einen seiner zentralen Feinde seiner ganzen Geschichte
hervor, dem Machtanspruch und Wildheit von Anfang an bis in
unsere Zeit wesenseigen ist.

»Und Abram gehorchte der Stimme Sarais.«

Er stand damit in der verhängnisvollen Linie von Adam und Eva, wo Adam bedenkenlos der Stimme seiner Frau gehorchte. Mann und Frau sind von Gott aber als sich gegenseitig ergänzende Einheit geschaffen, in der einer auf den anderen achtet. Deshalb gibt es in einer guten Ehe keine Herrschaft, sondern Achtung und Beachtung, Verantwortung und Zuordnung, in der Liebe gegründet. Und da liegt auch die Verständnishilfe, wenn Paulus Ehe und Gemeinde in bildhaften Vergleich zieht (Eph. 5).

Erstaunlich ist, daß der Herr dennoch an sein Ziel kommt, aber nicht wegen der Risikobereitschaft von uns Menschen, wegen unseres Heldenmuts oder unserer Weitsicht, sondern – im Gegenteil! – er kommt ans Ziel, weil *er* ans Ziel kommt. Und für seinen Weg kann er ganz schwache Menschen benutzen und tut das immer wieder. Was sind das denn für Menschen, die er erwählte? Mose, ein Totschläger – David, ein Ehebrecher und Mörder – Paulus, der die Verantwortung für Stephanus' Tod trägt . . . Aber Gott kommt ans Ziel – auch durch solche Menschen. Das gibt uns die Hoffnung, daß er auch mit uns ans Ziel kommen wird. Das will uns die Bibel lehren: Gott will mit uns ans Ziel kommen, wenn er nur unser Herr ist.

»Da nahm Sarai, Abrams Frau, ihre ägyptische Magd Hagar und gab sie Abram, ihrem Mann, zur Frau, nachdem sie zehn Jahre im Lande Kanaan gewohnt hatten.«

Zehn ist in der Bibel die Zahl der Gerechtigkeit. Das wird unter anderem an der Zahl der Gebote deutlich. Durch die ganze Bibel hindurch läßt sich aber auch beobachten, wie diese Zahl durch zwei in die Zahl der Vollkommenheit verändert wird: 10+2=12. Zehn Stämme des Volks gehen verloren, zwei bleiben: Juda, der größte (aus ihm stammt Jesus), und Benjamin, der kleinste (Paulus gehört zu ihm). Zehn Männer braucht man in Israel für einen Gottesdienst – Jesus aber sagt: »Wo zwei oder drei versammelt sind in meinem Namen, da bin ich mitten unter ihnen.« Er bricht damit das jüdische Gesetz – zehn jüdische Männer stehen diesen zwei gegenüber. Das Zeugnis von zweien wird zur Gerechtigkeit Gottes gebraucht – unter dem Kreuz Jesu, bei der Auferstehung,

und bei den beiden »Emmaus-Jüngern«, denen der noch uner-
kannte Auferstandene die Schrift auslegt und damit die wahre
Gerechtigkeit Gottes zeigt; aber auch schon im Alten Bund mit
Josua und Kaleb. Die Zehn als Zahl der Gerechtigkeit kippt öfters
um zur Ungerechtigkeit; hier bei Sarai das erste Mal: »Nach zehn
Jahren . . .« Aber Sarai will ihren Weg gehen: Sie nimmt die
Sache in ihre eigenen Hände, geht eigene Wege, die nicht Gottes
Wege sind. Das führt zu verhängnisvollen Auswirkungen für
Israel – bis heute! Sarai verstößt gegen die Gerechtigkeit Gottes.
Sie will zu ihrer Zeit ans Ziel kommen, durch ein stellvertreten-
des Kind, nicht durch das verheißene Kind. Das bedeutet, sie
handelt *gegen* das, was Gott will, gegen seine Gerechtigkeit.

*»Und er ging zu Hagar, die ward schwanger. Als sie nun sah, daß
sie schwanger war, achtete sie ihre Herrin gering.«*

Hagar, die Magd, kann ein Kind von Abram erwarten, stellvertretend, aber was bedeutet das? Sie ist doch die Mutter. Verwundert
es, daß sie anfängt, sich zu überheben? Sie ist doch die Fruchtbare, sie wird doch das Kind gebären – was bedeutet da »stellvertretend«, auf ihrer Herrin Sarais Schoß, wie man das umschrieb.
Nein, es ist *ihr* Kind, *sie* ist die Mutter und Abram der Vater. Und
was könnte in Sarai vor sich gegangen sein? Der Textzusammen-
hang läßt schließen, daß sie sensibel reagierte, ja, wohl eifersüch-
tig wurde, nicht nur weil ihre Magd nun ein Kind von Abram
erwarten konnte und sie nicht, sondern auch schon, weil ihr Mann
eine intime Beziehung zu dieser Frau aufgenommen hatte. Eine
durchaus verständliche Eifersucht. Sarai ist innerlich verunsi-
chert, nicht wegen ihrer Unfähigkeit, ein Kind zu bekommen,
sondern auch wegen ihrer Beziehung zu ihrem Abram. Sie hatte
sich auf den Weg gegen Gottes Heilsaussage begeben. Es ist
hilfreich, rechtzeitig zu bedenken, was daraus wird, wenn wir
eigenmächtig handeln als unruhige, ungeduldige Menschen.

*»Da sprach Sarai zu Abram: Das Unrecht, das mir geschieht,
komme über dich!«*

Hier begegnet uns eine typische Haltung, die den Sündenbock
festmachen will. Sie regt an, Abram solle sich der Hagar zuwen-

den; er tut das mit der Folge, daß ein Kind erwartet wird – genau das, was Sarai ja so haben wollte –, und jetzt klagt sie an: »Das Unrecht, das mir geschieht!« Bei wem liegt aber die Ursache für dieses Unrecht? Doch vor allem bei Sarai. Sie aber sucht die Schuld bei ihrem Mann. Sicher, er ist mitschuldig. Aber hier läuft das gleiche Verschiebespiel ab wie beim Sündenfall Adams und Evas: »Es war das Weib«, und das Weib sagt: »Es war die Schlange.« Wer aber sucht und sieht die Schuld bei sich selbst? Darum geht es in unserem Glauben! Glaube bedeutet, nicht die Schuld bei anderen zu suchen, sondern bei uns selbst. Und das ist das Furchtbare in der Geschichte der Christenheit, daß die Christen das Volk Israel zum Sündenbock abgestempelt haben. Die Juden sind immer an allem Schuld. Das reicht bis in die aktuelle Gegenwart, z. B. in Rußland. Gottesfürchtige Juden lernen noch heute: Suche immer die Schuld zuerst bei dir, nicht bei den anderen! Das war auch Inhalt der Lehre Jesu. Und wer stand ihm durch die Jahrhunderte und die Jahrtausende eigentlich näher, die Juden oder die Christen? Immer wieder waren die Juden die Überfallenen, die Bedrängten, die Entmächteten. Während im »christlichen« Abendland ständig Kriege gegeneinander geführt wurden. Wehren sich aber einmal die Juden, wirft man ihnen vor, sie handelten nach der alttestamentlichen Devise »Auge um Auge, Zahn um Zahn.« Ist das nicht eher christliches statt »typisch« jüdisches Handeln? Ein gottesfürchtig erzogener Jude fragt sich, wo er schuldig geworden ist, er fragt auch nach unerkannter Schuld. Aber bestimmt das auch das Denken vieler Christen? Suchen sie nicht wie Sarai ihre eigene Gerechtigkeit und reden lieber hinter dem Rücken anderer, um ihre eigene Gerechtigkeit, ihren eigenen Willen durchzusetzen? Auch in christlichen Gemeinden! Das ist genau das, was Sarai tut. Die Schuld liegt zuerst bei ihr. Aber Abram ist mitschuldig, denn er handelt bedenkenlos auf ihr Geheiß hin. Und nun weiß sie nur zu sagen: »Das Unrecht, das mir geschieht, komme über dich!« Das ist ein Fluch. Gerade der, der den Segen anscheinend für sie erfüllt hat, Abram, der ihr ein Kind gibt, soll hier von ihr verflucht werden – ». . . das komme dich.« Und es sollte noch über ihn kommen. Denn was in Ägypten mit den Nachkommen Abrams passieren würde, hatte Gott in einem furchterregenden Traum zu Abram gesprochen (Kap. 15,12-14). Hagar, die Magd, die ihm Sarai gab, kam aus Ägypten. Sarai hätte die Auswirkung ihres Tuns voraussehen können. Auch Abram, der große Glaubensheld, tut es nicht. Das ist kurzsichtig. Der Herr hatte Nachkommen versprochen, unzählbar viele sogar. Aber er läßt sich in die Eigenmächtigkeit seiner Frau einbeziehen und muß sich nun des Unrechts bezichtigen lassen.

»Der Herr sei Richter zwischen mir und dir.«

Diese Aussage begegnet uns immer wieder in der Bibel: Er, der Herr, sei Richter! Sarai richtet sich selbst mit solcher Aussage, denn die Überlegung mit der Magd kam doch von ihr! Und das sollte noch verhängnisvoll werden für Israel! Wir sehen selten die Konsequenzen unseres Tuns voraus, denn das liegt nicht in unseren Händen. Bismarck hatte eine Liste geführt über die möglichen Auswirkungen seines Tuns – positive und negative. Oft war er dann völlig überrascht, was für Auswirkungen sein Tun hatte. Es gibt Konsequenzen, die wir nicht voraussehen können. Das sind oftmals nur Kleinigkeiten, die wir tun oder entscheiden – aber die Folgen sind groß. Wir sehen, was sich ereignet, nur aus unserem Blickwinkel. Nur wenige Menschen sind fähig, sich in die Lage eines anderen ganz hineinzuversetzen, zu fragen: Wie reagiert der andere? Die meisten denken nur: Ich will . . ., ich habe . . ., ich tue . . . Auch Sarai denkt so, eigensinnig, eigenmächtig – und Israel muß einmal hart dafür bezahlen.

»Abram aber sprach zu Sarai: Siehe, deine Magd ist unter deiner Gewalt; tu mit ihr, wie dir's gefällt.«

Abram merkt: Dahinter steckt Eifersucht. Das ist eine durchaus menschliche Reaktion, meist mit üblen Folgen. Abram will Sarai deutlich machen: Ja, ich akzeptiere dich als die Mutter, denn sie ist deine Magd und steht damit unter deiner Herrschaft. Er ist sensibel gegenüber seiner eifersüchtigen Frau. Denn er sieht, daß es ihr letzten Endes darum geht, Abrams Liebe nicht zu verlieren, weil nun die andere ein Kind von ihm hat. Es ist wohl klug, daß er so reagiert: »Deine Magd ist unter deiner Gewalt; tu mit ihr, wie dir's gefällt.« Und doch geht er dann zu weit. Ist das ein gerechter Herr, der angesichts der Eifersucht seiner Frau sagt:

»Tu mit ihr, wie dir's gefällt«? Er hätte wissen können, daß sie in ihrem Zorn nun ungerecht handeln würde. Das führt dann zu Ungerechtigkeit Sarais gegenüber Hagar. Das ist gegen den Willen des Herrn, denn der Gott der Bibel aber ist ein gerechter Gott.

So sieht es doch oft auch bei uns selbst aus – es ist so uneinheitlich wie ein Dach, das mit unterschiedlichen Ziegeln gedeckt ist; es ist zugedeckt – aber da paßt etwas nicht zueinander. So ist das auch hier. Aber das Wunderbare ist, Gott kommt dennoch an sein Ziel! Die Menschen können alles Mögliche tun – Gott kommt ans Ziel. Das darf jedoch nicht zu der Schlußfolgerung führen: Also tun wir alles, was wir wollen, denn der Herr kommt ja ohnehin an sein Ziel. Nein, wir müssen in Bußbereitschaft nach seinem Willen fragen, nach seinen Geboten, nach seinem Wort handeln und uns an seiner Liebe und seinem Weg orientieren. Der Herr ist der Hirte, er geht voran, er weiß den Weg, um ans Ziel zu kommen mit seinem heilsgeschichtlichen Plan, für Israel, für die Gemeinde und für jeden von uns.

»Als nun Sarai sie demütigen wollte, floh sie von ihr.«

Das war nur logisch. Sie hat das Recht zu fliehen, denn jetzt wird sie ungerecht behandelt. Abram und Sarai stehen damit nach allem, was geschehen ist, nochmals am Anfang des ihnen verheißenen Weges – ohne Kind. Trotz aller vermeintlichen Klugheit stehen sie wieder am Nullpunkt. So ist das öfters in unserem Leben mit unseren ausgeklügelten Gedanken und Wegen. Und wenn wir nicht in Christus sind, wird das auch mit unserem Tod so sein: »Nackt kam ich von meiner Mutter Leibe und nackt kehre ich zurück.«

»Aber der Engel des Herrn fand sie bei einer Wasserquelle . . .«

Er muß nicht nach ihr suchen, denn der Engel des Herrn ist im Alten Testament Gott selbst – und Gott sieht. »Der Engel des Herrn«, das bedeutet, Gott selbst fand sie. Wo Gott sieht, wo Gott findet, wo Gott spricht, geschieht etwas. Gott ist nicht da, um zu denken – Gott ist da, um zu handeln. Das ist Gottes Wesen. Gott braucht nicht erst zu denken, denn er weiß alles. Jahwe, der Seiende, der Wirkende, das ist sein Wesen.

Hagar ist in die Wüste geflohen. Die »Wüste«, der Ort der Versuchung – das ist ein stehendes Thema in der Bibel. Israel in der Wüste, Jesus in der Wüste. Die »Wüste« – das ist der Ort des Heils, das ist die Brautzeit im Alten Testament, die Wüstenwanderung. Oder denken wir an Saul und David: David kommt in Versuchung, Saul in der Wüste umzubringen; doch er tut es nicht, sondern schneidet nur einen Zipfel von seinem Rock ab, und das wird ihm zum Heil. Doch die Wüste ist auch ein Ort der Dämo-nen. Unser Leben ist, als gingen wir durch eine Wüstenlandschaft zum Himmelreich, zu Gottes Reich. Israel ging durch die Wüste zum fruchtbaren Land. Aber da ist eine Spannung im Alten Testament: Wo besteht die tiefste Beziehung zu Gott, im Land oder in der Wüste? Für mehrere Propheten ist es die Wüstenzeit. Dort ist man total abhängig von Gott – in bezug aufs Essen, aufs Trinken, auf die Orientierung, auf die Gerechtigkeit, in allem. Letzten Endes sind wir immer total abhängig von Gott, ob wir das einsehen wollen oder nicht. Der Herr gibt Leben, er gibt Liebe, er gibt einen Sinn für Leiden und Tod, und er allein kann wahre Führung geben.

Am Wasser »fand« Gott Hagar. Wasser, fließendes Wasser – das ist ein immer wiederkehrendes Bild in der Bibel, Fließendes, ein Bild für Leben, Tod und für Reinheit. Der Weg der kultischen Reinheit geht in der Bibel durch fließendes Wasser. Die Taufe oder Jesu Gespräch mit der Samariterin am Brunnen, auch Noahs Rettung aus der Sintflut und Israels Rettung auf dem Weg durchs Schilfmeer – immer wieder ist es ein Bild dafür, daß es durch den Tod zu neuem, vom Herrn gereinigtem Leben geht.

Wenn hier von einer Quelle gesprochen wird, bedeutet es: »Quelle des Lebens«, es geht um das Leben! »Der sprach zu ihr: Hagar, Sarais Magd . . .« Die Namensnennung ist außerordentlich wichtig – nicht nur »Hagar«, sondern »Hagar, Sarais Magd«. Sie ist und bleibt die Untergeordnete, auch im Blick auf die Verheißungen. Auch sie wird noch Verheißungen zugesprochen bekommen, aber untergeordnete! Israel, das Volk der übergeordneten Verheißung, ist ein kleines Volk; die Araber rings um sie her sind zahlenmäßig weit größer, aber sie können Israel nicht zerbrechen, denn Israel ist Gottes ersterwähltes Volk.

». . . Hagar, Sarais Magd, wo kommst du her, und wo willst du hin?«

Hagar wird Ismael gebären, und aus ihm wird ein Wandervolk. Sie irrt in der Wüste umher. Das Unstete, das Unruhige wird das Wesen des aus ihr kommenden Volkes sein. Doch Gott, der sie »findet«, spricht sie an: »Wo kommst du her, und wo willst du hin?«

»Sie sprach: Ich bin von Sarai, meiner Herrin, geflohen.«

Hagar verleugnet die Abhängigkeit, der sie entfloh, nicht. Sie war einem Herrschaftsanspruch entflohen, damit auch einer Unterordnung unter die Verheißungen. Es gab immer Menschen und Völker, die sich den Israeliten auf ihrem Weg anschlossen – Ägypter beim Auszug, Rahab in Jericho, die Gibeoniter, die sogar als Wasserträger bei den gottesdienstlichen Reinigungshandlungen eingesetzt waren. Hagar ist an Israel gebunden, ihr Heil ist an Israel gebunden. Das bedeutet für alle Araber: Ihr Heil kann nicht von einem Götzen kommen, vom Islam; das ist nicht der Gott Israels, sondern ihr Heil kann nur über den Gott Abrahams kommen, über den Gott Abrahams, Isaaks und Jakobs – nicht den Gott Abrahams und Ismaels. Damit ist der einzige Weg für diese Menschen, zum Heil zu kommen, nicht der Kampf gegen Israel, sondern Unterordnung unter Gottes Verheißung. Das hat mit Verknechtung, Unterjochung nichts zu tun!

»Und der Engel des Herrn sprach zu ihr: Kehre wieder um zu deiner Herrin und demütige dich unter ihre Hand.«

Das ist etwas anderes als Theologie der Befreiung. Die Parallele finden wir in des Paulus Philemon-Brief; Paulus unterstreicht: Die wichtigste Befreiung ist nicht die Befreiung aus der Knechtschaft der Sklaverei, sondern die Befreiung hin zu Jesus Christus. Es geht um die Befreiung von Schuld und Sünde. Der Weg der Verheißung geht über Abraham und Sarah, und Hagars Weg mit Ismael ist nicht die Flucht zu dem endzeitlichen Götzen in der Wüste, dem Islam, sondern zurück in die Verheißungsordnungen Gottes.

Die Aufforderung Gottes kommt uns unmenschlich vor. Doch wir sind hier, um Gottes Willen zu tun, nicht das, was wir für menschlich halten. Was hilft mir Menschlichkeit? Kann Menschlichkeit mir Antwort geben in Bezug auf den Tod? Kann sie Leben schaffen? Kann sie der Weltgeschichte einen Sinn geben? Der Mensch ist verdorben, deshalb kann Menschlichkeit keine Antwort geben. Das sagt die Bibel deutlich. Alle diese Menschen, die hier handeln, sind verdorben – aber dennoch kann Gott durch sie wirken. Denn Gott liebt diese Welt. Ich verstehe zwar nicht, warum; das muß ich ehrlich sagen. So ist es für mich auch nie eine Frage: Warum läßt Gott das Böse zu? Denn das tut er mit vollem Recht, da wir Menschen selbst fast immer das Böse gewählt haben. Die Frage ist vielmehr: Warum ist er uns gnädig? Warum hat er uns nicht längst aufgegeben? Das ist die Frage, die mich am meisten beschäftigt. Das klingt zwar unmenschlich – aber das ist biblisch. Es geht um biblisches, nicht um menschliches Denken. Die moderne Theologie geht vor allem vom menschlichen Denken aus, von der zweiten Tafel Moses. Aber der Weg der Bibel ist immer der Weg von der ersten zur zweiten Tafel, von der Beziehung zu Gott zu der Beziehung zu den Mitmenschen. Als ob Mitmenschlichkeit der Maßstab aller Dinge wäre!

»Und der Engel des Herrn sprach zu ihr: Ich will deine Nachkommen so mehren, daß sie der großen Menge wegen nicht gezählt werden können.«

Es ist ein Teil des vierfachen Segens, der Abram und Sarai zugesprochen wurde – eine große Menge. Und Israel ist gegenüber den arabischen Völkern winzig klein – aber unter Verheißung und Segen Gottes. Aber auch der Hagar spricht Gott einen Segen zu. Er ist auch gnädig zu ihr in dieser Lage. Hier ist sie ganz allein mit ihrem noch ungeborenen Kind, mitten in der Wüste. Und Gott gibt ihr den Segen: ». . . daß sie der großen Menge wegen nicht gezählt werden können.«

»Weiter sprach der Engel des Herrn zu ihr: Siehe, du bist schwanger geworden und wirst einen Sohn gebären, dessen Namen sollst du Ismael nennen.«

Ismael – der Wanderer –, so soll sie einmal ihren Sohn nennen, der unstete Wanderer in der Wüste.

». . . denn der Herr hat dein Elend erhört.«

Gott steht auch nahe zu ihr. Er tut es bis heute – nicht zuletzt in Gestalt von Missionaren unter islamischen Völkern. Man kann von großem Durst nach Gottes Wort hören, trotz oft fanatischer Herrschaft des Islam. Tapfere Leute riskieren mit ihrem christlichen Zeugnis unter islamischen Völkern oftmals ihr Leben.

»Er wird ein wilder Mensch sein; seine Hand wider jedermann und jedermanns Hand wider ihn, und er wird wohnen all seinen Brüdern zum Trotz.«

Der letzte Satz dieser Ankündigung findet schon in Kap. 25,18 seine Erfüllung. Aber der erste Teil ist kennzeichnend geblieben: Er wird ein wilder Mensch sein, jeder gegen jeden. Wie ist es bei den Arabern heute? Waren sie je einmütig? Da sind wohl die Bruderküsse, aber sie streiten immer miteinander. Gott wacht auch darüber. Wenn sie wirklich vereinigt wären, würde das sehr schwierig für Israel. Wild sind sie, wild und uneinig.

»Und sie nannte den Namen des Herrn, der mit ihr redete: Du bist ein Gott, der mich sieht.«

Das ist eine faszinierende Aussage. Denn es bedeutet: Du kennst meine Not, und du gibst mir eine Verheißung. Du siehst meine schreckliche Not in der Wüste. Gottes Angebot von Trost, Gnade und Heil gilt allen Menschen. Wer gibt diese Verheißung? Nicht Allah, sondern Jahwe, der Gott Israels. Er gibt diese Verheißung hier Israels Feinden. Gottes Liebesangebot ist absolut unbegrenzt. Das ändert auch nichts an der endzeitlichen Bedeutung, daß diese Völker nur Heil haben werden, wenn sie den Weg zu dem Gott Abrahams, Isaaks und Jakobs – und das ist Jesus Christus – annehmen. Gott sieht jeden in seiner persönlichen Not. Das bedeutet nicht, daß er uns hilft, genau wann und wie *wir* das haben wollen. Manchmal tut er das; manchmal handelt er aber auch entgegen unserem Erwarten. Aber wir dürfen immer wissen: Der Herr hat einen Weg mit uns. Wenn wir beten, daß wir unter seiner Herrschaft stehen wollen, in dem Wissen, daß er wirklich unser guter Hirte ist, dann wird er uns aus mancher Wüste heraus zu fruchtbarem Land führen, zu seinem Reich. Dann ist das Wie und das Wann auch nicht entscheidend, denn wir wissen nicht, was gut für uns verlorene Menschen ist. Hauptsache: Er kommt ans Ziel. Er liebt jeden Menschen, und er will dieses Angebot der Liebe, das in Jesus Christus zur Vollendung kommt, allen Menschen geben.

»Denn sie sprach: Gewiß hab' ich hier hinter dem hergesehen, der mich angesehen hat.«

Der Gott, der mich sieht – er durchschaut alles; er fand mich bei der Wasserquelle. So »fand« auch Jesus die Samariterin am Brunnen bei Sichem.

»Darum nannte man den Brunnen »Brunnen des Lebendigen, der mich sieht. Er liegt zwischen Kadesch und Bered.«

Brunnen des Lebendigen – Brunnen des Heils. Wir kennen viele Lieder aus der Zeit, als man noch verstanden hat, daß fließendes Wasser das Zeichen für Reinheit ist, für Leben. Hier geht es um die Begegnung mit dem lebendigen Gott, der sie gefunden und aufgerichtet hat – wie später bei Naemann.

»Und Hagar gebar Abram einen Sohn, und Abram nannte den Sohn, den ihm Hagar gebar, Ismael.«

Ismael, der Wanderer, ist ein geistlicher Bastard. Er hat einen Segen, wie später Esau, aber nicht den richtigen. Es ist ein Segen von großem Volk, in Verbindung mit Macht, Wildheit und Uneinigkeit. Diese Beschreibung paßt genau auf die Menschen in der arabischen Welt, bis heute. Das ist kein Vorurteil. Sondern so sieht und beschreibt Gott den Weg und das Wesen der Nachkommen Ismaels. Es sind Völker, die von einem ungeheuer aktiven Götzen getrieben werden, dem Islam. In einer geschichtlich noch nicht dagewesenen Energie richtet sich ihre ganze Wildheit jetzt aber gegen Gottes Erwählte. Sie wollen die von Gott verordnete Herrschaft nicht anerkennen – wie schon Hagar diese Herrschaft letzten Endes nicht haben will, sich ihr aber wieder unterordnen soll –, die Herrschaft des wahren Gottes Israels.

Ewiger Bund und neue Namen –
Verheißung Isaaks und Beschneidung

Als nun Abram neunundneunzig Jahre alt war, erschien ihm der HERR und sprach zu ihm: Ich bin der allmächtige Gott; wandle vor mir und sei fromm. Und ich will meinen Bund zwischen mir und dir schließen und will dich über alle Maßen mehren. Da fiel Abram auf sein Angesicht. Und Gott redete weiter mit ihm und sprach: Siehe, ich habe meinen Bund mit dir, und du sollst ein Vater vieler Völker werden. Darum sollst du nicht mehr Abram heißen, sondern Abraham soll dein Name sein; denn ich habe dich gemacht zum Vater vieler Völker. Und ich will dich sehr fruchtbar machen und will aus dir Völker machen, und auch Könige sollen von dir kommen. Und ich will aufrichten meinen Bund zwischen mir und dir und deinen Nachkommen von Geschlecht zu Geschlecht, daß es ein ewiger Bund sei, so daß ich dein und deiner Nachkommen Gott bin. Und ich will dir und deinem Geschlecht nach dir das Land geben, darin du ein Fremdling bist, das ganze Land Kanaan, zu ewigem Besitz, und will ihr Gott sein. Und Gott sprach zu Abraham: So haltet nun meinen Bund, du und deine Nachkommen von Geschlecht zu Geschlecht. Das aber ist mein Bund, den ihr halten sollt zwischen mir und euch und deinem Geschlecht nach dir: Alles, was männlich ist unter euch, soll beschnitten werden; eure Vorhaut sollt ihr beschneiden: Das soll das Zeichen sein des Bundes zwischen mir und euch. Jedes Knäblein, wenn's acht Tage alt ist, sollt ihr beschneiden bei euren Nachkommen. Desgleichen auch alles, was an Gesinde im Hause geboren oder was gekauft ist von irgendwelchen Fremden, die nicht aus eurem Geschlecht sind. Beschnitten soll werden alles Gesinde, was dir im Hause geboren oder was gekauft ist. Und so soll mein Bund an eurem Fleisch zu einem ewigen Bund werden. Wenn aber ein Männlicher nicht beschnitten wird an seiner Vorhaut, wird er ausgerottet werden aus seinem Volk, weil er meinen Bund gebrochen hat. Und Gott sprach abermals zu Abraham: Du sollst Sarai, deine Frau, nicht mehr Sarai nennen, sondern Sara soll ihr Name sein. Denn ich will sie segnen, und auch von ihr will ich dir einen Sohn geben; ich will sie segnen, und Völker sollen aus ihr werden und Könige über viele Völker. Da fiel Abraham auf sein Angesicht und lachte und sprach in seinem Herzen: Soll mir mit hundert Jahren ein Kind geboren werden, und soll Sara, neunzig Jahre alt, gebären? Und Abraham sprach zu Gott: Ach daß Ismael möchte leben bleiben vor dir! Da sprach Gott: Nein, Sara, deine Frau, wird dir einen Sohn gebären, den sollst du Isaak nennen, und mit ihm will ich meinen ewigen Bund aufrichten und mit seinem Geschlecht nach ihm. Und für Ismael habe ich dich auch erhört. Siehe, ich habe ihn gesegnet und will ihn fruchtbar machen und über alle Maßen mehren. Zwölf Fürsten wird er zeugen, und ich will ihn zum großen Volk machen. Aber meinen Bund will ich aufrichten mit Isaak, den dir Sara gebären soll um diese Zeit im nächsten Jahr. Und er hörte auf, mit ihm zu reden. Und Gott fuhr auf von Abraham. Da nahm Abraham seinen Sohn Ismael und alle Knechte, die im Hause geboren, und alle, die gekauft waren, und alles, was männlich war in seinem Hause, und beschnitt ihre Vorhaut an eben diesem Tage, wie ihm Gott gesagt hatte. Und Abraham war neunundneunzig Jahre alt, als seine Vorhaut beschnitten wurde. Eben auf diesen Tag wurden sie alle beschnitten, Abraham, sein Sohn Ismael, und was männlich in seinem Hause war, im Hause geboren und gekauft von Fremden; es wurde alles mit ihm beschnitten.   *1. Mose 17*

»Ich bin der allmächtige Gott; wandle vor mir und sei fromm.«

Hier wird nicht über eine niedliche und harmlose Puppe in der Krippe gesprochen. Hier wird nicht über einen Gott gesprochen, der nur Liebe ist und alles vergibt, was wir tun – auch wenn wir unsere Wege nicht ändern. Nein, hier wird von einem allmächtigen Gott gesprochen; hier wird von einem fordernden Gott gesprochen, der fordert, daß wir fromm werden, daß wir vor seinem Angesicht in seinem Sinne wandeln. Das ist die Bedingung für diesen Bund. Der Bund ist zwar ewig, aber wenn diese Bedingung nicht gehalten wird, dann wird der allmächtige Gott seine Allmacht zeigen, nämlich im Gericht gegen sein Volk. So war es durch das ganze Alte Testament, und so ist es auch im Neuen Bund.

Abram bekommt dazu einen neuen Namen, Abraham, weil er zum »Vater vieler Völker« wird. Auch Sarai bekommt einen neuen Namen als Zeichen des Segens, der durch sie entstehen wird. Damals war Abraham 99 Jahre alt und Sara etwa 90. Beide waren viel zu alt, um Kinder zu bekommen. Was bedeutet diese Aussage für uns?

1. Daß der allmächtige Gott, der Gott Israels, über den Naturgesetzen steht und auch, wie später gezeigt wird, über den Gesetzen Moses.
2. Daß es nie ein Zuspät geben wird für die Erfüllung von Gottes Verheißungen.

Zum ersten: Der Herr steht über den Naturgesetzen. Können Gesetze von selbst entstehen? Nein, alles, was gesetzmäßig ist, bezeugt eine Meisterhand. »Von nichts kann nichts kommen« – ein grundlegendes naturwissenschaftliches Gesetz (Sir Isaac Newton). Sara war zu alt, um ein Kind zu bekommen; Abraham auch. Aber sie bekamen einen Sohn: Isaak. Solchem Handeln Gottes begegnen wir in der ganzen Bibel: Rahel war zuerst unfruchtbar; auch Hanna war unfruchtbar und weinte im Heiligtum deshalb so sehr, daß der Priester sie für betrunken hielt, aber sie bekam einen Sohn, den Samuel, der zum Priester, Richter und Prophet zugleich wurde, zum großen Knecht Gottes, der Saul zum ersten König Israels salbte, und später David, Israels zentrale Königsgestalt. Und im Neuen Testament denken wir an Elisabeth und Zacharias. Lange und inbrünstig haben sie um ein Kind gebetet und haben aufgehört, darum zu beten, als sie zu alt geworden waren; aber zu Gottes Zeit bekamen sie den Johannes, den späteren Täufer, der letzte und vollmächtigste Prophet des Alten Bundes, der dann auch Jesus taufte. Und diese Linie führt zu ihrem Ziel in der Jungfrauengeburt Jesu.

Abraham wie Mose wurden erst in ihrem Alter zu großen Knechten Gottes. In Deutschland wird die Bevölkerung immer älter. Die fürsorgliche Begleitung alt gewordener Menschen ist zu einer Aufgabe geworden; wo es im persönlichen Bereich nicht möglich ist, müssen unsere Hochbetagten in Altenheimen umsorgt werden. Beides ist um der Menschenwürde geboten. Aber ich kann mich gut erinnern: Als ich jung im Dienst war, führte ein Pfarrer unseren Altenclub zum Altenheim, um alles anzuschauen und einen Blick in die Zukunft zu bekommen. Da wurde mir damals deutlich: »Wir brauchen euch Alte als Beter und Bezeuger eures Glaubens für eure Enkelkinder in unserer Gemeinde. Wir brauchen euch mindestens so sehr, wie ihr uns braucht.« Ist nicht das christliche Rußland gerettet worden durch Omas und Opas, die ihren Enkelkindern trotz allen Verboten von Jesus erzählten? Christus überlebte Marx und Lenin und Stalin. Ja, hier geht es um die Bedeutung des alten Menschen in einer Glaubensgemeinschaft wie der unseren.

»Und ich will aufrichten meinen Bund zwischen mir und dir und deinen Nachkommen von Geschlecht zu Geschlecht, daß es ein ewiger Bund sei.«

Wieso hat wohl die katholische Kirche, die orthodoxe Kirche und nach ihnen sogar auch Luther behauptet, daß der Alte Bund erloschen sei und daß wir, die Kirche, an der Stelle dieses Bundes stehen? Luther hat sich sogar darüber mockiert, indem er sagte: »Wenn jemals die Juden zurückkehren in ihr Land und einen Staat aufrichten, dann werde ich mich beschneiden lassen.« Ja, aber genau das ist geschehen! Denn der Herr hält sein Wort, und sein Wort verspricht, daß dieser Bund ewig ist und daß am Ende der Tage das Volk Israel zurückgeführt wird ins Land. Diese Behauptung, daß der Alte Bund ein ewiger Bund sei, ist im Alten Testament immer wieder zu finden. Wieso wird die Schrift jedoch verzerrt, indem diese Aussagen nur in Beziehung zum Neuen Bund verstanden werden? Alle Bünde Gottes sind von ewigem Bestand, denn der Herr bürgt für diese Bünde, und der Herr ist und bleibt, und sein Wort hat ewigen Bestand. So ein Bund ist nicht ein demokratischer Kompromiß. Der Herr allein bürgt für diesen Bund, weil der Bund von ihm kommt. Dieser Bund kann bestimmt nicht durch Untreue gekündigt werden, weder von Israel und schon gar nicht von der Christenheit – und wie untreu waren beide schon öfters! Untreue führt zum Gericht, aber nicht zum Bruch des ewigen Bundes. Sogar der Bund mit Noah hat ewigen Bestand; sein Zeichen, der Regenbogen, ist immer noch zu sehen.

»Und ich will dir und deinem Geschlecht nach dir das Land geben, darin du ein Fremdling bist, das ganze Land Kanaan, zu ewigem Besitz, und will ihr Gott sein.«

Hier steht es eindeutig geschrieben, daß die Israeliten dieses Land zum ewigen Besitz von Gott bekommen haben, das ganze Land. Und das biblische Zentrum dieses Landes ist Judäa mit Jerusalem und Samaria, welches die Welt die »besetzten Gebiete« nennt. Hier sind die heiligsten Stätten der Israeliten, die Altstadt Jerusalems und Hebron. Hier ist Bethel, Sichem . . . Sollten die Israeli darum verhandeln, wie die Politik es verlangt? Sind alle Friedensbemühungen vor dem Hintergrund von Gewalt, Willkür und Terrorismus und ihren Opfern nicht zu fadenscheinig? Oder sollen die Israeli nach Gottes Wort und Verheißungen leben? Was hat die Welt je positiv für sie getan? Sogar Roosevelt und Churchill haben sehr früh von Auschwitz gewußt, aber sie taten nichts, um die Juden vor dem Massenmord zu retten. Gottes Recht ist Israels Recht, und dem ist das sogenannte Völkerrecht untergeordnet. Israels Heil ist allein in dem Herrn – auch und gerade heute.

Die Beschneidung am achten Tage ist das Zeichen des Bundes. »Am achten Tage« bedeutet für die Juden 7 + 1, die Schöpferzahl plus eins. Diese Eins ist die Zahl unseres Lebens in dieser Welt, und ihr Zeichen bedeutet Blut, Leiden bis in das Ausmaß unseres Zeitalters hinein. Die Zahl 8 hat wichtige gesamtbiblische Bedeutung. Acht Menschen wurden bei der Sintflut gerettet. David, *der* König in Israel, war der achte Sohn Isais; und Jesus, der »Sohn Davids«, wurde zweimal beschnitten: am achten Tage nach seiner Geburt fleischlich und dann geistlich, bis in seine geistliche Kraft hinein »beschnitten«, am Kreuz – als Zeichen dieser zweiten »Beschneidung« zerriß im Tempel der Vorhang vor dem Allerheiligsten in Jesu Todesaugenblick von oben nach unten; man könnte davon sprechen, daß die geistliche Potenz Gottes, die sich an diesem Ort manifestiert hatte, im Augenblick des Todes Jesu freigesetzt und zu einer Kraft wurde, die der Weltmission ihren entscheidenden und dauerhaften Schub verlieh. Vergessen wir dabei niemals, auch wenn der Neue Bund in Jesu Blut geschlossen wurde, daß der Alte Bund viel mehr gelitten hat als wir heute. Ja, Beschneidung als Zeichen des Leidens – aber auch als Zeichen der Zugehörigkeit zum Herrn. Diese doppelte Bedeutung ist letzten Endes eins, denn Leiden ist das Zeichen der Zugehörigkeit zu unserem Leidensherrn.

»Auch soll beschnitten werden das Gesinde, welches in eurem Hause geboren oder was gekauft ist von irgendwelchen Fremden, die nicht aus eurem Geschlecht sind.«

Immer wieder wird im Alten Testament gezeigt, daß dieser Bund, diese Erwählung, nicht nur für Israel geschah. So steht am Beginn von Gottes Wirken mit Abraham: »Durch dich werden gesegnet alle Völker auf Erden.« Und im Segen an Juda heißt es: »Er wird ein Held für die Heiden sein.« Das Alte Testament ist kein »Judenbuch«, sondern ein Buch, das umfassend von Gottes Verheißungen für alle Völker spricht. Deswegen enthält es die prophetischen Aussagen in Beziehung zu anderen Völkern und auch diese Bestimmung über die Beschneidung an Nicht-Israeliten. Sein Heil, das Heil des allmächtigen Gottes Israels, wird an alle Völker gehen. Deswegen haben sich immer wieder Völker und Menschen diesem Volk angeschlossen – die Ägypter beim Auszug, die Rahab in Jericho, die Gibeoniter, die Wasserträger im Kultbereich des Tempelgottesdienstes wurden, und die »Gottesfürchtigen« im Neuen Testament.

Der vierfache Segen für Abraham – das große Volk, die Landverheißung, der Segen und Fluch und die messianische Verheißung – alles das geht an Isaak und durch ihn zu Jakob/Israel. Ismael, Vater der Araber, bekommt dazu einen anderen Segen, einen Segen von großem Volk und Macht. So ist es auch am Ende der Tage, und der endzeitliche Kampf geht zwischen Israel und Islam, zwischen Jesus Christus, dem Gott Israels wie der Heiden Heiland, und dem Götzen Islam.

Gottes Heilsplan ist eine durchgehende Linie. Er wird ausgeführt wie in Wellen der heilsgeschichtlichen Aussagen und ihrer Erfüllung. Gottes Wort, die Bibel, bleibt ewiglich aktuell, weil es die Wahrheit ist und bezeugt.

Der Herr bei Abraham in Mamre

Und der HERR erschien im Hain Mamre, während er an der Tür seines Zeltes saß, als der Tag am heißesten war. Und als er seine Augen aufhob und sah, siehe, da standen drei Männer vor ihm. Und als er sie sah, lief er ihnen entgegen von der Tür seines Zeltes und neigte sich zur Erde und sprach: Herr, habe ich Gnade gefunden vor deinen Augen, so geh nicht an deinem Knecht vorüber. Man soll euch ein wenig Wasser bringen, eure Füße zu waschen, und laßt euch nieder unter dem Baum. Und ich will euch einen Bissen Brot bringen, daß ihr euer Herz labet; danach mögt ihr weiterziehen. Denn darum seid ihr bei eurem Knecht vorübergekommen. Sie sprachen: Tu, wie du gesagt hast. Abraham eilte in das Zelt zu Sara und sprach: Eile und menge drei Maß feinstes Mehl, knete und backe Kuchen. Er aber lief zu den Rindern und holte ein zartes gutes Kalb und gab's dem Knechte; der eilte und bereitete es zu. Und er trug Butter und Milch auf und von dem Kalbe, das er zubereitet hatte, und setzte es ihnen vor und blieb stehen vor ihnen unter dem Baum, und sie aßen. Da sprachen sie zu ihm: Wo ist Sara, deine Frau? Er antwortete: Drinnen im Zelt. Da sprach er: Ich will wieder zu dir kommen übers Jahr; siehe, dann soll Sara, deine Frau, einen Sohn haben. Das hörte Sara hinter ihm, hinter der Tür des Zeltes. Und sie waren beide, Abraham und Sara, alt und hochbetagt, so daß es Sara nicht mehr ging nach der Frauen Weise. Darum lachte sie bei sich selbst und sprach: Nun ich alt bin, soll ich noch der Liebe pflegen, und mein Herr ist auch alt! Da sprach der HERR zu Abraham: Warum lacht Sara und spricht: Meinst du, daß es wahr sei, daß ich noch gebären werde, die ich doch alt bin? Sollte dem HERRN etwas unmöglich sein? Um diese Zeit will ich wieder zu dir kommen übers Jahr; dann soll Sara einen Sohn haben. Da leugnete Sara und sprach: Ich habe nicht gelacht – denn sie fürchtete sich. Aber er sprach: Es ist nicht so, du hast gelacht. 1. Mose 18, 1-15

Der Text ist voll von zeichenhafter Bedeutung, die ihren tatsächlichen, wirklichen Inhalt unterstreicht, daß nämlich Abraham und Sara ein Kind bekommen werden, um Gottes Verheißungen fortzusetzen an ihnen und an dem Volk, das von ihnen kommen wird. Ein Wunder wird hier angekündigt, das gegen alle biologischen Gesetze spricht, oder tiefer gesagt: Es ist ein Zeichen, daß der Herr auch über diesen Gesetzen steht.

»Und der Herr erschien ihm im Hain Mamre, während er an der Tür seines Zeltes saß, als der Tag am heißesten war.«

Hier wird von Anfang an gedeutet, wer zu Abraham und Sara kommt: Es ist der lebendige Herr, der das Leben und die Gesetze des Lebens geschaffen hat. Normalerweise erscheint der Herr seinem Knecht unter einem Baum; oder er erscheint an einem Berg, als Treffpunkt zwischen Himmel und Erde; oder später in seinem heiligen Tempel, dem Ort, wo sein Name, sein Wesen zu finden ist. Aber hier kommt er, als Abraham in der Tür seines Zeltes sitzt, und zwar im Hain Mamre, als der Tag am heißesten war. Die Ortsbezeichnung »Hain Mamre« zeigt, daß etwas blüht und fruchtbar wird. Die Türe zum Leib Saras wird geöffnet, denn sie wird einen Sohn gebären. Diese Nachricht wird überbracht, »als der Tag am heißesten« ist, das bedeutet, wenn dieser Tag zu seiner vollen Kraft gekommen ist. So ist es auch bei Sara im Sinne der Fruchtbarkeit trotz ihres Alters, denn bei dem Herrn ist nichts unmöglich. Max Frisch zeigt in seinem meisterhaften »Homo Faber« sehr deutlich, daß das Leben fruchtbar ist, am fruchtbarsten, gerade wenn es am heißesten ist. Die Tür hat einen gesamtbiblischen Sinn als Symbol, aber zugleich auch als Wirklichkeit. Eine Tür ist der Weg des Eintritts – hier: zum Heil. Diese Verheißung an Sara ist der Urweg des Eintritts zum Heil für Israel und die Welt, denn es hieß an Abram: ». . . durch dich werden gesegnet alle Völker auf Erden.« Denken wir hier zum Beispiel auch an die Tür zu Noahs Arche: Wer hineingehen darf, wird gerettet, und was draußen bleibt, wird gerichtet. Denken wir auch an die Tür zum späteren Tempel, die der Weg zu Gottes Gegenwart ist; wer durch diese Tür geht, befindet sich im Hause des Herrn und läßt seine Welt hinter sich. Deswegen reinigt Jesus den Tempel, denn weltliche Geschäfte gehören da nicht hinein. Denken wir an das Gleichnis von den zehn Jungfrauen: Wer nicht vorbereitet ist für die Wiederkunft des Herrn, wird die Tür zu seinem Reich geschlossen vorfinden, wenn Jesus wiederkommt.

Warum heißt es hier »Und der Herr erschien ihm . . .«, und warum spricht der Text von »drei Männern«? Es kann hier nicht daran gezweifelt werden, daß sogar im Uranfang von Israels Erwählung der Weg zur Trinität, die Tür zur Trinität, einen Spaltbreit geöffnet, vorgedeutet wird. Und wenn wir bedenken, daß der Messias »Ewig-Vater« heißen wird (Jesaja 9) oder »Du, Bethlehem . . ., aus dir soll mir der kommen, der in Israel Herr sei, *dessen Ausgang von Anfang und Ewigkeit her gewesen ist*« (Micha 5,1), dann sehen wir deutlich den Weg zur neutestamentlichen Trinitätslehre angebahnt.

Und noch so ein harmlos klingender Satz fällt auf, aber doch mit tiefer, zeichenhafter und auch realer Bedeutung: »Man soll euch ein wenig Wasser bringen, eure Füße zu waschen, und laßt euch nieder unter dem Baum.«

Durch Fußwaschung wird, wie später bei Jesus, eine Reinigungshandlung durchgeführt. Und dieses Thema »fließendes Wasser« wird in der ganzen Bibel als Zeichen von Leben/Tod und Reinheit angesprochen. Abram, »durch dich werden gesegnet alle Völker auf Erden« – das bedeutet, daß aus dem Hause und Geschlechte Abrams die Reinheit kommen wird, die Vollkommenheit, der Christus, der durch seinen Tod und seine Auferstehung neues Leben für uns ermöglichen wird, gerade so, wie hier die drei Männer neues Leben und Zukunft ankündigen für Abraham und Sara und damit für das Volk Israel.

»Unter dem Baum« können biblisch bezeugte Gottesbegegnungen geschehen. Warum? Die Urbedeutung eines Baumes ist in der Bibel durch die Bäume des Lebens und der Erkenntnis im Paradies umrissen. Hier geschieht die Ankündigung von Leben für Abraham und Sara, eines Lebens, das einmal große Bedeutung gewinnen wird für die Völker aller Zeiten, denn »durch dich, Abram, sollen gesegnet werden alle Völker auf Erden«. Von hier aus wird von dem Herrn neues und damit zukünftiges und wahres Leben ermöglicht. Jesus spricht: »Ich bin das Leben.« Auch um Erkenntnis geht es unter diesem Baum, um Erkenntnis, die Sara zuerst belächelt, um die Erkenntnis, daß der Herr seine Verheißungen erfüllen wird, auch wenn wir daran zweifeln.

Wer würde je gedacht haben, als die Juden unter allen Völkern zerstreut waren, als Israel damals in total fremde Hände fiel, daß dieses Volk jemals zurückkehren würde ins Heilige Land und nochmals zum Mittelpunkt von Gottes heilsgeschichtlichem Wirken würde? Fromme Juden rechneten damit; ihr Ausruf »Nächstes Jahr in Jerusalem« war keine Floskel!

Weiter wird uns das rührende Bild der Gastfreundschaft Abrahams und Saras gezeigt, wie sie so emsig alles für ihre Gäste vorbereiten. Gastfreundschaft war und ist typisch im Nahen Osten. Aber was steckt dahinter? Sie treffen die Vorbereitungen, aber *der Herr* wird handeln. Fast immer in biblisch berichteten Begegnungen mit dem Herrn wird in das Geschehen das Leibliche mit einbezogen, weil Leib, Geist und Seele biblisch eine untrennbare Einheit sind. So war es auch, als Mose und die 70 Ältesten auf dem Berge Sinai Gott wie einen strahlenden Saphirteppich sahen, und dann heißt es am Schluß: »Sie aßen.« Die Tatsache und Wahrheit der Gottesbegegnung wird bis in unsere Person hinein verwirklicht. Dasselbe sehen wir in der Tischgemeinschaft, die Jesus mit den Sündern und Zöllnern hält; es ist ein Zeichen, daß sein Heilsangebot auch für sie gilt, bis in den Leib hinein, ein reales Zeichen für ihre ganze Person – natürlich nur, wenn sie umkehren, ihre Wege ändern und ihm nachfolgen. Und dieses gesamtbiblische Thema erreicht sein Ziel in der Einsetzung des heiligen Abendmahls. Wir bekommen Anteil an Jesu Kreuzesheil für uns bis in unseren Leib hinein als reales Zeichen der Wirklichkeit dieses Heilsgeschehens.

Sehr wichtig ist auch Saras Reaktion, denn die Tür zu ihrem Leib wird der Fruchtbarkeit geöffnet. Sie aber glaubte es nicht, wie auch Elisabeth und Zacharias die Botschaft nicht zu glauben vermochten, daß sie in ihrem Alter noch ein Kind gebären sollte. Der Herr wirkt nicht wegen unserer Vorleistung – hier wegen Abrahams und Saras emsiger Rolle als Gastgeber –, sondern gerade trotz unseres Versagens. Und das sagt eine Menge aus über Gottes Wirken und unsere Frömmigkeit. Der Ruf, den man heute so oft hört: »Hier tue mir ein Wunder! Heile mich! Zeige mir in meinem Sinn deine Gegenwart!« führt letzten Endes zu einer total verkehrten Vorstellung von Gottes Wegen und Gottes Heil, auch vom Gebet. Zwar spielt das Glauben eine zentrale Rolle in unserer Frömmigkeit, aber der Herr kann wirken, auch wenn wir das nicht glauben, denn er allein verfügt über sein Heil und seine heilsge- schichtlichen Wege. Und wissen wir wirklich, was gut für uns ist? Gebet, Bittgebet, auch Fürbittgebet, soll immer einmünden in die Bitte: »Aber Herr, dein Wille geschehe.« Denn wer weiß besser, was gut für uns ist, wir oder der Herr? So kann zum Beispiel Krankheit öfters einmal gut für uns sein, damit wir lernen, daß seine Kraft auch in den Schwachen mächtig ist, damit wir neu lernen, daß Glaubensnachfolge Leidens- und Kreuzesnachfolge bedeutet, damit wir lernen, immer mehr abhängig zu werden von dem Herrn.

Und genau darum geht es hier: Daß wir immer mehr lernen, abhängig von dem Herrn zu werden, denn er liebt uns mehr als wir uns selbst, und er weiß viel besser, was wirklich gut für uns ist, als wir es selbst wissen. In meinem Amtszimmer hängen drei Bilder und ein Spruch. Die Bilder stellen Jesus als Weltenrichter auf Marias Schoß dar (Stefan Lochner), das graphische Werk, wo Jesus von Pilatus dem Volk der Juden vorgeführt wird (Dürer), und dann das Kreuz, welches Franz von Assisi so beeinflußt hat (Mittelalter). Der große Spruch von Hermann Bezzel, dem großen bayerischen Glaubensmann und späteren Bischof seiner Kirche, soll die drei Bilder miteinander verbinden: *»Frömmigkeit ist der Entschluß, die Abhängigkeit von Gott als Glück zu bezeichnen.«*

»Sollte dem Herrn etwas unmöglich sein?«

Nein, ganz und gar nicht. Er handelt – aber in seinem Sinne, im Sinne seines Heilsplans für Israel, für die Gemeinde und für jeden von uns, wann und wie er will. Unsere erwartungsvolle Frömmigkeit mündet dazu ein in die Bitte: »Aber Herr, dein Wille geschehe.«

Abrahams Fürbitte für Sodom

Da brachen die Männer auf und wandten sich nach Sodom, und Abraham ging mit ihnen, um sie zu geleiten. Da sprach der HERR: Wie könnte ich Abraham verbergen, was ich tun will, da er doch ein großes und mächtiges Volk werden soll und alle Völker auf Erden in ihm gesegnet werden sollen? Denn dazu habe ich ihn auserkoren, daß er seinen Kindern befehle und seinem Hause nach ihm, daß sie des HERRN Wege halten und tun, was recht und gut ist, auf daß der HERR auf Abraham kommen lasse, was er ihm verheißen hat. Und der HERR sprach: Es ist ein großes Geschrei über Sodom und Gomorra, daß ihre Sünden sehr schwer sind. Darum will ich hinabfahren und sehen, ob sie alles getan haben nach dem Geschrei, das vor mich gekommen ist, oder ob's nicht so sei, damit ich's wisse. Und die Männer wandten ihr Angesicht und gingen nach Sodom. Aber Abraham blieb stehen vor dem HERRN und trat zu ihm und sprach: Willst du denn den Gerechten mit dem Gottlosen umbringen? Es könnten vielleicht fünfzig Gerechte in der Stadt sein; wolltest du die umbringen und dem Ort nicht vergeben um fünfzig Gerechter willen, die darin wären? Das sei ferne von dir, daß du das tust und tötest den Gerechten mit dem Gottlosen, so daß der Gerechte wäre gleich wie der Gottlose! Das sei ferne von dir! Sollte der Richter aller Welt nicht gerecht richten? Der HERR sprach: Finde ich fünfzig Gerechte zu Sodom in der Stadt, so will ich um ihretwillen dem ganzen Ort vergeben. Abraham antwortete und sprach: Ach siehe, ich habe mich unterwunden, zu reden mit dem Herrn, wiewohl ich Erde und Asche bin. Es könnten vielleicht fünf weniger als fünfzig Gerechte darin sein; wolltest du denn die ganze Stadt verderben um der fünf willen? Er sprach: Finde ich darin fünfundvierzig, so will ich sie nicht verderben. Und er fuhr fort mit ihm zu reden und sprach: Man könnte vielleicht vierzig darin finden. Er aber sprach: Ich will ihnen nichts tun um der vierzig willen. Abraham sprach: Zürne nicht,

Herr, daß ich noch mehr rede. Man könnte vielleicht drei-
ßig darin finden. Er aber sprach: Finde ich dreißig darin,
so will ich ihnen nichts tun. Und er sprach: Ach siehe, ich
habe mich unterwunden, mit dem Herrn zu reden. Man
könnte vielleicht zwanzig darin finden. Er antwortete: Ich
will sie nicht verderben um der zwanzig willen. Und er
sprach: Ach zürne nicht, Herr, daß ich nur noch einmal
rede. Man könnte vielleicht zehn darin finden. Er aber
sprach: Ich will sie nicht verderben um der zehn willen.
Und der HERR ging weg, nachdem er aufgehört hatte, mit
Abraham zu reden; und Abraham kehrte wieder um an
seinen Ort. Abraham aber machte sich früh am Morgen
auf an den Ort, wo er vor dem HERRN gestanden hatte,
und wandte sein Angesicht gegen Sodom und Gomorra
und alles Land dieser Gegend und schaute, und siehe, da
ging ein Rauch auf vom Lande wie der Rauch von einem
Ofen. Und es geschah, als Gott die Städte in der Gegend
vernichtete, gedachte er an Abraham und geleitete Lot aus
den Städten, die er zerstörte, in denen Lot gewohnt hatte.

1. Mose 18, 16-33 und 1. Mose 19, 27-29

»Da brachen die Männer auf und wandten sich nach Sodom...«

Erst erfolgt die Verheißung der Gnade, dann kommt aber auch das
Gericht. Gericht und Gnade sind nie zu trennen. Doch meistens
berichtet uns die Bibel die umgekehrte Reihenfolge, daß innerhalb des Gerichts die Gnade vorhanden ist. Gott schlägt auf die
eine oder andere Art, aber sein Schlagen enthält zugleich sein
Angebot: »Kehre zurück zu mir, denn ich bin zu finden in deiner
Schwachheit!« Das lesen wir zum Beispiel von Simson, nachdem
er durch das Löschen seines Augenlichtes gerichtet wurde, daß
»das Haar seines Hauptes wieder anfing zu wachsen« (Ri. 16,22).
Im Gericht wird der Weg der Gnade Gottes sichtbar. Im vorlie-
genden Abschnitt der Abrahamsgeschichte ist es umgekehrt: Zuerst wird Gnade gezeigt und dann Gericht. Welche Reihenfolge
auch immer – wesentlich ist, daß beides nicht zu trennen ist. Es
gibt wohl keine zentrale Stelle in der Bibel, die nur von Gnade
spricht, oder wo ausschließlich von Gericht gesprochen wird.
Gott ist zornig *und* barmherzig, ein richtender *und* zugleich ein

gnädiger Gott. Das ist biblische, paulinische und lutherische Theologie. Gericht ist der biblische Weg zur Gnade – außer dem letzten Gericht, das über die endgültige Trennung entscheidet.

»Da brachen die Männer auf und wandten sich nach Sodom, und Abraham ging mit ihnen, um sie zu geleiten.«

Abraham soll Anteil haben an Gottes Gerechtigkeit. Er hat Anteil an den Verheißungen, und er soll auch Anteil haben an dem, was Gott vorhat. Abraham soll erleben, daß Gott handelt. Das galt für das Versprechen eines Sohnes wie für das Erfahren der Gerechtigkeit als ein Wesensmerkmal Gottes. Das Wesen Gottes ist Handeln im Sinne von Liebe *und* Gerechtigkeit. Abraham soll erleben: Was Gott verspricht, das tut er – es wird Gnade geben für ihn, aber Gericht für Sodom und Gomorra.

»Da sprach der Herr: Wie könnte ich Abraham verbergen, was ich tun will . . .«

Das bedeutet: Gott will uns in der Bibel die heilsgeschichtlichen Wege zeigen. Das Wesentliche ist nicht verborgen, wenn wir auch nicht über das heilsgeschichtliche Geschehen selber verfügen können und es noch viele Überraschungen geben wird. Gott verbirgt vor Israel nicht, was er vorhat, und er warnt Israel vor dem Gericht. Wie hören *wir* diesen Ruf? Oder wollen wir nur von Liebe und Barmherzigkeit hören, den gnädigen Gott gepredigt haben? Nein, das Gericht Gottes ist im Kommen. Nach einem Vortrag kam eine gläubige Frau zu mir und sagte: »Sie machen uns angst.« Ich hatte gesagt, daß mit dem Ersten Weltkrieg die Weltmission in ihrer endzeitlichen Bedeutung erfüllt sei, weil durch die Tätigkeit der Missionsgesellschaften das Evangelium mindestens theoretisch allen Völkern bekannt ist. Mit dem Zweiten Weltkrieg sei Israel in sein Land zurückgekehrt, und mit dem Dritten Weltkrieg komme Jesus zurück. Nur – das ist der Heilsplan Gottes, und wir sollten dankbar sein, daß Jesus konkret begonnen hat, ihn zu erfüllen. Die damit noch für unsere Generation zu erwartende Not hatte die Frau in tiefe Angst geführt. Ich versuchte, ihr deutlich zu machen, was die Juden während ihrer ganzen Geschichte erlebt haben, und daß es nicht um die Not geht, sondern um Erlösung. Es geht darum, daß Gott sein Wort hält und damit auch seinen Heilsplan zur Erfüllung bringt. Und dabei ist er auch ein gütiger Gott, nicht nur ein richtender Gott, und wer – auch in allen Gerichten – ihm gehört, wird ihm ewig gehören. Auch fromme Menschen können sehr an dem hängen, was wir sehen und haben. Jeden Tag sind wir damit beschäftigt. Der Herr will uns aber davon wegbringen. So hilft er dem Abraham: Schau auf die Sterne – schau weg von dir! Meine Verheißung steht da. Das gilt auch, wenn wir krank sind. Statt dessen nehmen wir alles, was wir haben, als selbstverständlich und wollen immer mehr. Und wenn das Wirtschaftswachstum ein Prozent zurückgeht, ist das ganze Land entsetzt. Was für ein Unsinn! Nein, es geht um inneres, um geistliches Wachstum. Das Äußere ist vergänglich, das Innere, das Geistliche, muß wachsen. Und wenn wir ständig am Äußerlichen, an unseren Plänen hängen, an dem, was uns gut scheint, dann kann das Innerliche nicht mehr wachsen. Schon das wäre eine Hilfe für unser geängstetes Herz, wenn wir uns nochmals ganz bewußt und dankbar über die vielen Wunder der Schöpfung freuen würden und damit neu Anteil an seiner Gegenwart gewinnen, Anteil an dem, was Gott geschaffen hat. Aber wir sind meistens so beschäftigt mit unserem Alltag, mit den Gedanken, was uns passieren könnte, wirtschaftlich, gesundheitlich, im persönlichen Leben, daß wir oft an diesem geistlichen Wachstum vorbeileben.

Es ist nichts verborgen, auch für uns nicht. Es ist uns nicht verborgen, daß wir sterben werden. Aber wir leben, als ob das nicht der Fall wäre. Es ist nicht verborgen, daß wir vergänglich sind, denn wir haben Zeichen dafür, das grau werdende Haar oder das Nachlassen der Kräfte . . ., aber wir verbergen uns vor Gottes Offenbarungen, sowohl seiner Gnade als auch seines Gerichts.

Gott will, daß wir Anteil haben an ihm. Er will Gemeinschaft mit uns. Deswegen kommt es zu diesem Reden zwischen Abraham und Gott. Gott läßt sich ein auf eine Verhandlung mit Abraham, auch wenn Gott der Allmächtige ist. Gott will diesen Kontakt mit uns – und das nennen wir Gebet; auch beim engagierten Bibellesen kommt es dazu. Nehmen wir uns wirklich Zeit zum Beten und zum intensiven Lesen in der Bibel? Gott gibt uns alles, was wir wissen müssen, durch sein Wort.

»Denn dazu habe ich ihn auserkoren, daß er seinen Kindern befehle und seinem Hause nach ihm, daß sie des Herrn Wege halten und tun, was recht und gut ist, auf daß der Herr auf Abraham kommen lasse, was er ihm verheißen hat.«

Israel hat tatsächlich nicht getan, was recht und gut ist. Das ist der erste schwere Stolperstein in diesem Text. Wir müssen genau lesen, was da steht: ». . . daß sie des Herrn Wege halten und tun, was recht und gut ist, auf daß der Herr auf Abraham kommen lasse, was er ihm verheißen hat.« Hat Israel diese Verheißung erhalten? Haben sie seine Wege eingehalten? Nirgends! Immer wieder versagten sie, und trotzdem – Gott gibt seinen Sohn für uns. Nicht *wegen* Israels Verdienst, sondern *trotz* Israels falscher Wege. Gott bietet Israel und uns zwei Wege an in seinem Wort, nicht einen »Markt der Möglichkeiten«, nur zwei Wege: den sehr breiten Weg und den schmalen Weg. Der breite Weg beinhaltet Lust, bedeutet Wissenschaftsgläubigkeit. Diese ist unter uns viel mehr verbreitet als unter anderen Völkern. Aber die Wissenschaft kann die zentralen Fragen des Lebens weder stellen noch beantworten, die Frage nach der Liebe, nach dem Sinn von Leiden und Tod zum Beispiel.

Es gibt nur zwei Wege: Die Wege des Herrn, mit dem Herrn, und unsere eigenen Wege. Geht Jesus auf unserem Lebensweg voran, oder gehen wir voran und drehen uns nur nach ihm um, wenn wir ihn brauchen?

Der Landtag in Sichem (Josua 24) zeigt, worum es geht; Josua fragt das Volk am Ende seines Lebens: »Wollt ihr die Wege der Götzen gehen, oder wollt ihr den Weg mit dem Herrn gehen, dem Gott Israels?« Jesus lädt uns ein auf den schmalen Weg, der so schmal ist wie seine kreuztragenden Schultern. Es gibt nur diese beiden Wege.

Israel geht den Weg mit Gott nicht ständig. Und trotzdem hält Gott an seinen Verheißungen fest. Solch ein gnädiger Gott ist der Gott Israels! Gewiß, er ist ein richtender Gott, aber wir wollen auch betonen, wie tief seine Gnade geht. Israel hält nicht an Gottes Verheißungen fest. Sie machten das Gesetz zum Geplapper. Gott schickte Propheten, aber die haben sie nicht angenommen, keine Buße getan. Und dann hat er seinen eigenen, einzig einen Sohn geschickt, mit ihm sich selbst, und Israel hat auch ihn nicht angenommen. Aber Gott hält sein Wort, er hält seinen Bund.

Die Grundfrage ist: Und wir, sind wir besser als Israel? Seien wir ehrlich mit uns selbst! Wir sind nicht besser als Israel. Wir haben zwar keine Binde über den Augen, Israel aber hat eine Binde über den Augen. Was ist aus dem »christlichen Abendland« geworden im Laufe seiner Geschichte? Was wurde da alles im Namen Jesu getan? Als Jude ist mir bald aufgefallen, daß ich viel von dem, was Jesus gesagt hat, in meinem jüdischen Elternhaus gelernt habe. Aber nur wenige Christen leben danach. So sollten wir doch Probleme in unserem täglichen Miteinander zuerst bei uns selbst suchen und dann bei unserem Nächsten. Wie viele schimpfen über die Leute, die mit im Haus wohnen, über die Schwiegermutter usw.

Ich habe als junger Jude gelernt, wenn es Probleme gibt, die Schuld zuerst bei mir zu suchen, und wenn ich in einem Gespräch erkenne, daß ich unrecht habe, gebe ich das zu und beharre nicht auf meinem Recht. So habe ich das von meinen Eltern gelernt. Das ist sogar Wertmaßstab christlicher Erziehung, aber meine Eltern sind keine Christen. Welches Volk hat immer die andere Wange hingehalten, wenn es geschlagen wurde? Das waren sicherlich nicht die Christen, die lieber Kriege gegeneinander geführt haben. Aber die Juden mußten die andere Wange hinhalten. Nicht, weil sie besser sind. Es ist mir immer wieder aufgefallen, daß Israel in vieler Hinsicht näher zu Christus gelebt hat als das »christliche Abendland«. Das erscheint als ein außerordentlicher Widerspruch, aber es ist kein Widerspruch, denn die Juden sind immer noch Gottes erstgeliebtes Volk, und sie sind immer noch erwählt. Gott geht äußerst ungewöhnliche Wege mit diesem Volk, Kreuzeswege, Leidenswege. Gott handelt, auch wenn wir versagen. Aber das bedeutet nicht, daß wir den Segen aufs Spiel setzen könnten und sagen: Gott tut ja alles; deshalb kann ich leben, wie ich will, und wenn's falsch war, vergibt Gott ja alles! So zu denken und zu leben ist nicht das, was Gott von uns erwartet. Gott will, daß wir seine Gebote so gut wie möglich halten. Und wenn wir einmal wieder abweichen vom Wege, sucht er uns, und sein Alarmzeichen ist unser schlechtes Gewissen. Der Herr erweckt ein uns anklagendes Gewissen in uns, wenn wir vom Wege abkommen. Und das führt uns immer wieder zurück zu ihm. Er geht uns nach. Aber manchmal hören wir diesen Ruf nicht. Es ist so viel übertönendes Lärmen in uns und um uns – allein schon die Fülle der Medien! Und wer steuert diese? Es gibt Untersuchungen, wie viele Mitarbeiter bei Fernsehen und Radio und bei den großen Tageszeitungen gläubig sind – das ist eine sehr, sehr geringe Zahl. Und diese Medien manipulieren die Bevölkerung in ihrem Denken gegen den Glauben, und sie erscheinen in großen Auflagen, behandeln Themen, die gegen Gott sind. Aber der Herr steht zu uns, und wir wollen an ihm und seinem Wort festhalten und nicht einfach unsere eigenen Wege gehen.

»Und der Herr sprach: Es ist ein großes Geschrei über Sodom und Gomorra, daß ihre Sünden sehr schwer sind.«

Es wird hier nicht gesagt, wer schreit. Sind es die Gerechten? Gott sieht Ungerechtigkeit, und Ungerechtigkeit ist für ihn ein Schrei, der zu ihm kommt. Deswegen wird nicht gesagt, wer schreit. In Sodom und Gomorra herrscht Gesetzlosigkeit. Gott sieht das – es ist ein »Geschrei« für ihn, wenn Ungerechtigkeit passiert. Was »sieht« Gott wohl jetzt in Deutschland, wo seine Zehn Gebote und sein Wort mit Füßen getreten werden? Statt dessen wuchern alle möglichen Angebote von Okkultem und Irrlehren, bis hinein in unsere Kirche. Nur noch selten wird in ihr gepredigt, daß der Herr ein heiliger Gott ist. Man könnte die Situation so beschreiben: Luther rang um einen *gnädigen* Gott; wir müssen nochmals den *heiligen* Gott finden, sonst erfahren wir seine Gnade nicht. So weit sind wir doch mit der Verfälschung Gottes gekommen! Ungerechtigkeit! Geschrei! Wenn das Maß der Sünden voll ist, handelt Gott. Es ist ein Wunder, daß er immer noch so gnädig bleibt, denn die Sünden sind übergroß und überschwer in unserer Zeit.

»Darum will ich hinabfahren und sehen, ob sie alles getan haben nach dem Geschrei, das vor mich gekommen ist, oder ob's nicht so sei, damit ich's wisse.«

Wenn er der allmächtige Gott ist, dann braucht er doch nicht »hinabfahren«. Wie ist das zu verstehen? Wenn Gott kommt, kommt er nicht, um zu sehen, sondern um zu handeln. Es gibt keine Stelle in der Bibel, die beschreibt, daß »Gott sieht«, ohne daß er etwas tut. Gott kommt, um zu richten. Und sein Kommen ist die Bestätigung, daß das Gericht notwendig ist. Nur vor diesem Hintergrund ist dieser Text richtig zu verstehen. Gott weiß, und er hört das »Geschrei«. Es ist ein Schrei gegen seine Ordnung. Nicht ein Schrei gerechter Menschen, die zu ihm rufen: »Hilf uns!« Sondern es schreit in Gott, wenn er sieht, wie heidnisch man in Sodom und Gomorra lebt, vor allem im sexuellen Bereich. Wieviel wiederholt sich davon heute – Gruppensex, Kindersex, Homosexualität, Perversion . . ., modernes Sodom und Gomorra! Biblische Tatsache ist: Wenn Gott sieht und kommt, handelt er. Der allmächtige Gott bestätigt das, was er weiß.

»Und die Männer wandten ihr Angesicht und gingen nach Sodom. Aber Abraham blieb stehen vor dem Herrn . . .«

Wir haben bereits festgestellt, daß mit den drei Männern Gott selbst in seiner Trinität zu Abraham kam. Hier steht nun aber: »Und die Männer wandten ihr Angesicht und gingen nach Sodom. Aber Abraham blieb stehen vor dem Herrn.« Wie ist das zusammenzubringen? Die Männer gehen weg, und zugleich aber steht Abraham vor dem Herrn. Gott ist nicht an einem Ort zu fixieren. Gott Vater war immer, auch als Jesus gekreuzigt war. Gott Vater ist niemals gekreuzigt, er kann nicht sterben. Aber ein Teil von ihm ist am Kreuz gestorben, in Christus. Es wird immer wieder darüber nachgedacht, wie das denkbar gemacht werden könnte, daß Gott in Jesus Christus gekreuzigt, gestorben, in den Totenbereich gegangen und dann wieder auferstanden sei. Das läßt sich uns so beantworten: Wenn Gott mit der Person Jesu tot ist, ist er doch gleichzeitig lebendig, denn Gott steht über Zeit und Raum. Wir können Gottes Existenz nicht in unsere Raumvorstellungen einordnen. Die Toten kennen keine Zeit mehr, Gott aber steht über der Zeit. Die Zeit vom Karfreitag bis zum Ostermorgen läßt sich mit unseren menschlichen Zeitbegriffen denken. Gott aber steht über der Zeit. In dem Moment, in dem jemand gestorben ist, hört für ihn die Zeit auf. Ist Gott aber tot und lebendig zugleich, können wir das nicht in unser menschliches Zeitverständnis fassen. Dasselbe gilt auch für unser Verständnis vom

Raum. So bleibt Gott bei Abraham, und zugleich ist Gott unterwegs nach Sodom. Gott Vater bleibt im Himmel, und Jesus, sein Sohn, ein Teil von ihm, wird gekreuzigt. Das ist göttliches Handeln in menschliche Lebensstrukturen hinein. Zeit und Raum sind menschliche Begriffe, nicht göttliche Begriffe. Er schuf sie zwar, aber er steht über ihnen, ist zu seinem Handeln und Wirken nicht abhängig von ihnen. Die Bibel beschreibt: »Am Anfang schuf Gott Himmel und Erde ...« »Anfang« ist Zeit; der Zeitablauf fing an. »Himmel und Erde« ist Raum, den Gott schuf. *Über* beiden steht Gott als der Schöpfer. Wir stehen unter diesen Begriffen. Deswegen fällt es uns so schwer, Gottes Wesen und Handeln in menschlichen Kategorien verständlich zu machen. Genau das sagt die Bibel in Jesaja 55: »So viel der Himmel höher ist als die Erde, so viel sind auch meine Wege höher als eure Wege und meine Gedanken als eure Gedanken, spricht der Herr.«

»Aber Abraham blieb stehen vor dem Herrn und trat zu ihm und sprach: Willst du denn den Gerechten mit dem Gottlosen umbringen?«

Gott ist ein gerechter Gott. Das weiß Abraham und folgert: Die Gerechten dürfen nicht umgebracht werden mit den Gottlosen. Auch das ist ein zentrales biblisches Thema. Des Propheten Jeremia Schreiber rät seinem Herrn angesichts der drohenden Gerichte Gottes zur Flucht: Warum fliehen wir nicht? Wir wissen doch, was Gott für ein Gericht bringt; bringen wir uns doch in Sicherheit. So wird immer wieder in Zeiten gefragt, in denen Krieg und Gewalt herrschen: Warum kommen unschuldige mit den schuldigen Menschen um? Zum einen spricht das Neue Testament davon, daß es nur einen Gerechten gibt, er heißt Jesus Christus. Keiner von uns ist gerecht. Wir sind alle schuldig gewordene, verlorene Menschen und müssen deshalb alle sterben. Doch wenn wir im Glauben »in Christus« sind, wenn unsere Persönlichkeit in Christus vor Gott besteht, unsere Person nach Leib, Geist und Seele, kann sie nicht getötet werden – wir werden leiblich mit ihm auferstehen. Das bedeutet für uns, daß er der Gerechte ist. Zum andern: Man kann uns quälen und umbringen, wir *sind* ungerecht, aber niemand kann uns von Christus und seiner Liebe trennen (Römer 8). Was allein kann uns von Christus und seiner Liebe trennen? Was kann uns von Gott trennen? Wir selbst. Vorsicht vor der frommen Überheblichkeit: »Mir kann nichts geschehen, ich bin ja gläubig!« Nein, neugeboren ist man nicht ein für allemal, es ist ein lebenslanger Prozeß des »Bleibens in Ihm«; wir müssen ständig aus der Vergebung, vom Kreuz her leben. Es gibt sich fromm Dünkende, die sagen: Ich bete nicht das Vaterunser, ». . . und vergib uns unsere Schuld«, denn er *hat* das doch schon getan; deshalb brauche ich das nicht mehr zu beten. Das ist ein großes Mißverständnis. Gewiß, Gott hat unsere Grundschuld vergeben, aber wir laufen doch immer wieder weg von ihm, weil wir in uns selbst verloren sind – aber gerettet sind wir in ihm. Wir brauchen immer wieder seine Gnade und das Erleben seiner Vergebung.

»Willst du den Gerechten mit dem Gottlosen umbringen?«

Gottes Antwort ist eindeutig: Nein. Aber dann offenbart er uns in der Bibel, daß wir gar keine Gerechten sind. Auch alle biblischen »Helden« haben versagt, auch Mose, der für die frommen Juden bis heute die zentrale Gestalt ihrer Frömmigkeit ist: Er gibt Gott nicht die Ehre, als er im Auftrag Gottes ein großes Wunder tun soll, durch das Wasser aus dem Stein heraussprudelt. Nebenbei bemerkt: Das ist eine Vordeutung der Auferstehung aus den Toten.

Jetzt beginnt Abrahams Handel mit Gott. Das will Gott. Wenn Gott das nicht gewollt hätte, würde er sagen: Genug! Du bist ein Mensch, du kannst nicht mit mir reden, ich bin der Allmächtige. Gott will aber, daß wir mit ihm reden. Was ist Gebet? Gebet fängt nicht mit dem Satz an »Dein Wille geschehe!« Der zu Gott Betende beginnt: »Herr, gib mir Klarheit, ich will wissen, was du willst. Ich will deine Wege wissen. Lehre mich deine Wege.« Dann erst führt das Gebet zu dem »Dein Wille geschehe« hin. Wir können Gott nicht mit unserem Beten unseren Willen aufzwingen. Wer wären wir Menschen vor dem heiligen Gott! Dahinter steckt die Auffassung: Weil ich ein Glaubensmensch bin, wird Gott mir geben, was ich brauche. Der große Irrtum daran ist, daß ich nicht weiß, was ich brauche. So habe ich nicht gewußt, daß ich eine Hirnblutung »brauchte«, aber jetzt weiß ich das. Wir beten: »Dein Wille, Herr, geschehe.« Wir sollen lernen, das auch ernst zu meinen. Deswegen habe ich, als ich die Hirnblutung bekam, nur gebetet: »Herr, gib mir die Kraft, deinen Willen zu bejahen.« Das ist hart, aber der Herr will, daß wir das lernen. Er will, daß wir ins Gespräch mit ihm kommen. Darin wird das Gebet zu einer aktiven Anteilnahme an seinem Weg mit uns. Martin Buber bezeichnet das Leben als einen Dialog mit Gott. Gott will, daß wir ins Gespräch mit ihm kommen, zwar ein ungleiches Gespräch, denn er weiß alles, er ist allmächtig. Trotzdem läßt er uns mit sich reden. Denn er will uns Klarheit verschaffen. Wenn wir manchmal auch etwas erleben, wozu wir sagen müssen: »Ich verstehe nicht, warum.« Dann lernen wir zu sagen: »Herr, dein Wille geschehe. Ich verstehe es nicht, aber du weißt es besser als ich.« So tun es auch die Rabbiner, wenn sie Satzungen in der Thora nicht verstehen – dann befolgen sie diese, ohne sie zu verstehen, weil Gott es befohlen hat. Wie oft ist doch unsere Sicht der Dinge begrenzt. Dann schaden wir uns selbst, wenn wir unseren Willen Gott aufnötigen wollen oder wenn wir meinen, so mit Gott verhandeln zu können, daß wir an ihn glauben, wenn er uns nur etwas Gutes tut. Wir haben keinen »Tischlein-deck-dich-Gott«, sondern einen heiligen und gerechten Gott. Ich würde verderben, wenn er mir alles gewährte, worum ich ihn angehe. Wir müssen es lernen, echt zu sagen: »Herr, dein Wille geschehe.«

»Es könnten vielleicht fünfzig Gerechte in der Stadt sein; wolltest du die umbringen und dem Ort nicht vergeben um fünfzig Gerechter willen, die darin wären? Das sei ferne von dir, daß du das tust und tötest den Gerechten mit dem Gottlosen, so daß der Gerechte wäre gleich wie der Gottlose!«

Steht es Abraham zu, zu sagen: »Das sei ferne von dir«? Er kann Gottes Gerechtigkeit nicht begreifen. Aber Gott läßt sich darauf ein; manchmal tut er das. Es ist zu kurz gegriffen, wenn ein lebensbedrohlich Erkrankter alle Fürbitte beiseite schiebt: »Warum betet ihr für mich? Euer Gott tut doch nichts.« Aber Gott ließ sich auf die Fürbitte ein und hat ihn durch ein großes Wunder geheilt, obwohl alle Ärzte ihn aufgegeben hatten. Gott läßt sich manchmal auf unser Bitten ein. So war es auch im Neuen Testament mit Thomas, der das Zeugnis der Mitjünger von der Begegnung mit dem Auferstandenen relativierte: »Ich glaube nur, wenn ich das sehe und mit meinen Händen betasten kann.« Eine Woche später entgegnet Jesus dem Materialisten: »Sei nicht ungläubig, sondern gläubig. Selig sind, die nicht sehen und doch glauben.« Gott läßt sich darauf ein, obschon Thomas es überhaupt nicht verdient hätte – er begegnet ihm mit unverdienter Gnade. Gott läßt sich mit *uns* ein. Haben wir das verdient? Menschlich gesehen ist es ungerecht, daß er uns erretten will. Wenn wir ehrlich mit uns selbst sind, wissen wir doch, daß wir es nicht verdient haben. Aber Gottes Gerechtigkeit ist ein viel höherer Begriff als menschliche Gerechtigkeit. Seine Gnade ist viel größer und tiefer, als wir dies je begreifen könnten.

»Das sei ferne von dir, daß du das tust und tötest den Gerechten mit dem Gottlosen, so daß der Gerechte wäre gleich wie der Gottlose!«

Wenn in einem Krieg während eines Bombenangriffs der eine zu Gott betet, der andere aber nur fluchen kann und dennoch beide umkommen, dann sterben beide nicht den gleichen Tod. Der eine stirbt zu Gott hin, der andere von Gott weg. Zum Bibelwort müssen wir uns aber erinnern, daß in Israel in jener Zeit das irdische Leben das höchste Gut war, nicht das ewige Leben.

»Das sei ferne von dir! Sollte der Richter aller Welt nicht gerecht richten?«

Hier geht es um Gottes Gerechtigkeit. Ist es gerecht, daß Gott dem Volk Israel eine Binde über die Augen legt und es dann richtet, weil es ihn nicht anerkennt? Die Antwort ist: Es wäre nicht gerecht. In 1. Petrus 3, 18-22 steht: Jesus ging in den Totenbereich zu den Heiden, die vorzeiten gestorben sind, ihnen das Evangelium zu predigen, ihnen ein Angebot zu machen. Wenn er das mit den Heiden tut, dann vertraue ich fest darauf, daß er es auch mit seinem erstgeliebten Volk tun wird. Das ist meine Hoffnung. Fromme Juden bekehren sich selten zu Christus, eher die unfrommen. Meine Großmutter hatte ein großes Vertrauen zu dem Gott Israels; im Blick auf sie ist es meine Hoffnung, wenn sie im Gericht Jesus Christus begegnet, daß er ihr dann sein Angebot der Gnade bringt. Niemand kommt ins Himmelreich wegen des Gesetzes, sondern nur über Christus.

Selbstverständlich wird auch jeder Namensjude gerichtet werden wie jeder Namenschrist. Aber warum ist es so, daß fromme Juden sich so selten bekehren, außer am Anfang in der Urgemeinde?

Jesus war gesandt zu den »verlorenen Schafen des Hauses Israel«. Wir sind alle verloren – das ist die eine Bedeutung. Die andere liegt wohl bei den Juden, die keine Beziehung zu dem Gott Israels hatten und haben; und da liegt wohl ein Grundgeheimnis. Mindestens hoffe ich, daß der Herr mit seinem erstgeliebten Volk auch so handeln wird, wie er den Heiden eine Gelegenheit gab, im Totenreich das Evangelium anzunehmen. Ob Gott die verdammt, die in Auschwitz oder im Warschauer Ghetto in tiefem Gottvertrauen verharrten und doch umkamen: »Ich glaube, ich glaube, ich glaube, daß mein Messias kommen wird, Israel zu erretten.« Gott ist ein gerechter Gott, und auf diesem Wissen gründet meine Hoffnung, wenn ich auch meine Auffassung nicht beweisen kann. Diese Hoffnung für die Juden entbindet uns nicht von dem Auftrag der – wenn auch behutsamen – christlichen Mission unter Juden. Diese behält ihre Gültigkeit.

Denn die erste Mission ist Judenmission, und der Missionsbefehl Jesu weist zuerst zu den Juden. Die Frage ist, wie man Judenmission treibt. Hoffentlich mehr durch Werke als durch Worte, denn die Juden glauben den Worten nicht mehr. Für sie sind Christen unglaubwürdig geworden. »Sie haben uns immer Böses zugefügt, predigen aber von einem gütigen Gott.« Zeigt uns, daß ihr uns wirklich liebt und daß diese Liebe nicht in Judenhaß enden wird. Dann wird der Weg für diese Juden zu Christus vielleicht geöffnet. Ein bedeutsamer Weg der Mission ist der Lebenswandel, den wir aus Glauben führen, das Beispiel, durch das die Leute gereizt werden, Christ zu werden. So bin auch ich christusgläubig geworden, nicht durch Wortmission. Meine Frau hat mich nie »missioniert«. »Missionieren« würde eine Ehe nur äußerst gefährden, vielleicht sogar zerstören. In der Ehe bezeugt man nur durch gelebtes Beispiel. Meine Frau hat mich »gereizt« im Sinne von Römer 11,14 durch ihren Lebenswandel. Ich merkte, sie hat etwas, was ich nicht habe – den Frieden mit Gott und damit mit sich selbst.

»Das sei ferne von dir! Sollte der Richter aller Welt nicht gerecht richten? Der Herr sprach: Finde ich fünfzig Gerechte zu Sodom

in der Stadt, so will ich um ihretwillen dem ganzen Ort vergeben.
Abraham antwortete und sprach: Ach siehe, ich habe mich un-
terwunden, zu reden mit dem Herrn, wiewohl ich Erde und Asche
bin.«

Eine merkwürdige, zwiespältige Aussage Abrahams; wenn ihm
wirklich bewußt ist, daß er Erde und Asche ist, würde er schwei-
gen vor Gott. Er schweigt aber nicht. Warum? Weil Gott nicht
will, daß er schweigt. Gott will mit ihm reden und läßt sich in
dieses Gespräch immer wieder ein. Gott will mit uns reden. Er
will, daß wir unsere Sorgen, unsere Zweifel und Not vor ihn
bringen, damit er uns Wegweisung geben kann. Deshalb läßt Gott
sich auf diese Sache ein. Obgleich Abraham eigentlich weiß, daß
er nicht vor Gott treten kann, tut er es.

»Es könnten vielleicht fünf weniger als fünfzig Gerechte darin
sein; wolltest du denn die ganze Stadt verderben um der fünf
willen? Er sprach: Finde ich darin fünfundvierzig, so will ich sie
nicht verderben . . .«

So geht das weiter bis auf zehn. Warum geht Gott weg nach den
zehn? Es geht um die Zehn Gerechten und um die Gerechtigkeit
Gottes in den Zehn Geboten, die später gegeben werden. Noch
weniger als zehn – das geht nicht! Wenn zehn Gerechte gefunden
werden, dann wird die Stadt verschont. Gerechte – Gerechtigkeit – die Zehn Gebote sind das Zentrum der Gerechtigkeit Gottes. Es geht um diese zehn Menschen, aber die sind nicht da.
Deswegen weigert sich Gott, weiter zu verhandeln. Deswegen ist
es unter frommen Juden so, daß man zehn Männer braucht (denn
die Männer tragen den Glauben), um einen Gottesdienst zu halten.

»Ich will sie nicht verderben um der zehn willen. Und der Herr
ging weg, nachdem er aufgehört hatte, mit Abraham zu reden.«

Es gibt einen Punkt, an dem Gott nicht mehr weiterredet, sondern
handelt. Das gilt auch in bezug auf unser Leben. Es gibt einen
Punkt, an dem Gott nicht mehr in dieses Gespräch eintritt. Dieses
Gespräch fängt immer Gott an. Ich habe zu meinen Konfirman-

den gesagt: »Jedes Gebet fängt Gott an.« Das hat sie schockiert, denn sie hatten geglaubt, sie könnten anfangen zu beten. Nein, Gott erweckt das Bedürfnis in uns, zu beten, in Freude und Leid. Und dann fragte ein Konfirmand klug zurück: »Und was ist, wenn Gott kein Bedürfnis in mir weckt?« Ich antwortete ihm: »Deshalb lernst du, dich auf die Begegnung mit Gott vorzubereiten, indem du dich mit den Psalmen beschäftigst, indem du lernst, von dir aus Gott Dinge vorzubringen, daß Gott dann zu deinem geöffneten Herzen sprechen kann.«

Aber es gibt Punkte, an denen Gott nicht mehr mit uns redet. Das ist wichtig für uns zu wissen. Die Gnadenzeit wird zu Ende gehen. Gott redet zu Menschen durch alles mögliche, durch Freude und Leid, aber es gibt einen Punkt, an dem Gott nicht mehr mit uns redet. In seinem Reden mit dem barmherzigen Gott, der ihm gnädig ist, sieht Abraham schon das Gericht, das über die Gottlosen, die Gottesfeinde kommen wird.

».. . und Abraham wandte sein Angesicht gegen Sodom und Gomorra und alles Land dieser Gegend und schaute, und siehe, da ging ein Rauch auf vom Lande wie der Rauch von einem Ofen.«*

Wir denken an die drei Männer im Feuerofen. Wir denken auch an das Ende des Dritten Reiches, an Auschwitz. Das war nichts anderes als ein vorweggenommenes satanisches »letztes Gericht«. Als ich Teenager war, habe ich zum ersten Mal gehört, was im Dritten Reich geschah. Meine Eltern hatten mir kein Wort darüber gesagt, denn man sagt einem Judenkind nicht, daß man umgebracht werden könnte, nur weil man Jude ist.

Wenn wir die Bilder von Auschwitz anschauen, wie die Menschen in langen Schlangen vor der »Selektion« stehen – einer zum Leben, einer zum Tod: Wie »das letzte Gericht«, sich angemaßt von Mengele, der zwei Doktortitel besaß, Philosophie und Medizin. Die Todgeweihten wurden zum Ort der Reinheit geschickt, der kultischen Reinheit; fließendes Wasser wurde ihnen versprochen, aber das Gas des Todes wurde ihnen gegeben, und dann wurden sie verbrannt. Dieses verbrannte Fleisch schreit zu Gott.

»Und es geschah, als Gott die Städte in der Gegend vernichtete, gedachte er an Abraham . . .«

Gericht und Gnade – hier ist die richtige Reihenfolge, die wir gewohnt sind. Gericht über die Städte – da gedachte er an Abraham, wie er an Noah dachte, an ihn jedoch vor der Sintflut.

». . . und geleitete Lot aus den Städten, die er zerstörte, in denen Lot gewohnt hatte.«

Wir hoffen, daß wir alle wie Lot durch diese endzeitliche Zeit geführt werden. Die Zeit, in der wir leben, ist absolut heidnisch. Meine Mutter, ein ethisch und moralisch betonter Mensch, sagte zu mir einmal vor etlichen Jahren am Strand in Italien: »David, ist es nicht schlimmer als in der Zeit von Sodom und Gomorra?« Die Zeit, in der wir leben, ist schlimmer. Und wenn die Zeit nicht verkürzt würde, würde kein Mensch mehr gläubig sein, sagt das Neue Testament. Was für einen Druck üben die Medien aus, damit alle Welt mitmacht bei dem heidnischen Tun. Aber der Herr führt die Seinen durch diese Welt. Gott führt einzelne Menschen hindurch. Wir wollen beten: »Herr, du bist mein guter Hirte. Gib mir die Kraft, dir immer zu folgen auf deinem Kreuzesweg, diesem schmalen Weg. Du bist mein Hirte.« Ich hörte einmal einen reifen Christen beten: »Herr, ich werde irgendwann in große Not kommen, durch Leiden, wenn ich krank bin, im Sterben. Ich bitte jetzt, gib mir dann die Kraft, an dir festzuhalten.« Es ist gut, wenn wir im voraus so beten.

Elisabeth und Zacharias werden lange um ein Kind gebetet haben. Das war auch ein Voraus-Beten, denn sie bekamen das Kind nicht, als sie es gerne haben wollten, sondern viel später. Es ist gut zu beten, indem wir die schwersten Momente, die wir erleben können, vor Augen haben, letztlich unser Sterben: »Herr, gib mir die Kraft, in dieser Leidensnot an dir festzuhalten. Ich vertraue auf dich.« Denn der Herr ist zeitlich unbegrenzt – diese Tatsache ist gerade hier entscheidend. Solche Gebete haben für uns mit der Zukunft zu tun, aber alle Zeit ist für Gott gegenwärtig.

Abraham und Sara bei Abimelech

Abraham aber zog von dannen ins Südland und wohnte zwischen Kadesch und Schur und lebte nun als ein Fremdling zu Gerar. Er sagte aber von Sara, seiner Frau: Sie ist meine Schwester. Da sandte Abimelech, der König von Gerar, hin und ließ sie holen. Aber Gott kam zu Abimelech des Nachts im Traum und sprach zu ihm: Siehe, du bist des Todes um des Weibes willen, das du genommen hast; denn sie ist eines Mannes Ehefrau. Abimelech aber hatte sie nicht berührt und sprach: Herr, willst du denn auch ein gerechtes Volk umbringen? Hat er nicht zu mir gesagt: Sie ist meine Schwester? Und sie hat auch gesagt: Er ist mein Bruder. Hab' ich das doch getan mit einfältigem Herzen und unschuldigen Händen. Und Gott sprach zu ihm im Traum: Ich weiß auch, daß du das mit einfältigem Herzen getan hast. Darum habe ich dich auch behütet, daß du nicht wider mich sündigtest, und habe es nicht zugelassen, daß du sie berührtest. So gib nun dem Mann seine Frau wieder, denn er ist ein Prophet, und laß ihn für dich bitten, so wirst du am Leben bleiben. Wenn du sie aber nicht wiedergibst, so wisse, daß du des Todes sterben mußt und alles, was dein ist. Da stand Abimelech früh am Morgen auf und rief alle seine Großen und sagte dieses alles vor ihren Ohren. Und die Männer fürchteten sich sehr. Und Abimelech rief Abraham auch herzu und sprach zu ihm: Warum hast du uns das angetan? Und was habe ich an dir gesündigt, daß du eine so große Sünde wolltest auf mich und mein Reich bringen? Du hast an mir gehandelt, wie man nicht handeln soll. Und Abimelech sprach weiter zu Abraham: Wie bist du dazu gekommen, daß du solches getan hast? Abraham sprach: Ich dachte, gewiß ist keine Gottesfurcht an diesem Orte, und sie werden mich um meiner Frau willen umbringen. Auch ist sie wahrhaftig meine Schwester, denn sie ist meines Vaters Tochter, aber nicht meiner Mutter Tochter; so ist sie meine Frau geworden. Als mich aber Gott aus meines Vaters Hause wandern *hieß, sprach ich zu ihr: Die Liebe tu mir an, daß, wo wir hinkommen, du von mir sagst, ich sei dein Bruder. Da nahm Abimelech Schafe und Rinder, Knechte und Mägde und gab sie Abraham und gab ihm Sara, seine Frau, wieder und sprach: Siehe da, mein Land steht dir offen; wohne, wo dir's wohlgefällt. Und zu Sara sprach er: Siehe da, ich habe deinem Bruder tausend Silberstücke gegeben; siehe, das soll eine Decke sein über den Augen aller, die bei dir sind, dir zugute. Damit ist dir bei allen Recht verschafft. Abraham aber betete zu Gott. Da heilte Gott Abimelech und seine Frau und seine Mägde, daß sie wieder Kinder gebaren. Denn der HERR hatte zuvor hart verschlossen jeden Mutterschoß im Hause Abimelechs um Saras, Abrahams Frau willen.*   1. Mose 20*

»Abraham aber zog von dannen ins Südland . . .«

Zunächst wanderte Abraham umher in dem Land, das der Herr ihm für das große Volk verheißen hatte. Später wanderte ein anderer auch durch dieses Land, Jesus, der »größer als Abraham« war. Abraham wandert durch dieses Land, weil Gott durch ihn zeigen will: Dieses Land gehört dir und deinen Nachkommen in alle Ewigkeit. Davon sollten Perez und sein israelisches Kabinett in unsern Tagen lernen. Dieses Land gehört Israel, das ganze Land, in alle Ewigkeit. Das wird in der Bibel immer wieder betont. Deshalb geht Abraham durch das Land von Norden zum Süden, wie später auch Jesus, um zu zeigen: Dieses Land gehört mir, ich bin der König der Juden. Als solcher wurde er schon zu Beginn seines Erdenweges von Heiden angebetet, von Weisen aus dem Osten. Das waren keine Könige, auch wenn die Tradition sie dazu gemacht hat; auch Rembrandt hat sie als Könige gemalt. Diese Weisen beten ihn als König der Juden an, nicht als der Heiden Heiland. Und Jesus starb als König der Juden, wie die Kreuzesinschrift besagt: INRI. Am Anfang und Ende steht der König der Juden, und dazwischen liegt sein Weg durch das Land, um zu zeigen: Dieses Land gehört mir.

»Meine Väter waren umherirrende Aramäer« – das ist eine Urerkenntnis des Israeliten. Daß sie das »Wandervolk Gottes« sind, diese Kenntnis geht in die Urgeschichten des Alten Testaments zurück. Ein Wandervolk Gottes, bis sie seßhaft geworden sind. Dieses Bild vom wandernden Volk Gottes wird im Neuen Testament bewußt aufgenommen: ». . . denn wir haben hier keine bleibende Stadt.« Das bedeutet sowohl, daß wir alle sterben müssen, aber dies »Umherziehen« weist auch darauf hin, daß wir hier auf Erden keine endgültige Heimat haben.

»Abraham aber zog von dannen ins Südland und wohnte zwischen Kadesch und Schur und lebte nun als ein Fremdling zu Gerar.«

Noch ein Wort der Last: ein »Fremdling im eigenen Land«. Die Juden waren für Jahrtausende Fremdlinge in verschiedenen Ländern. Auch Christen sind Fremdlinge in diesem wie in jedem anderen Land. Ihre Art zu denken und zu leben ist Menschen in heidnischen Ländern fremd, sogar in Deutschland, unserer Heimat als Deutsche, ist das so geworden. Wir sind für viele Menschen neben uns »fremd«. Das sollte uns bewußt sein. Nationaldenken entspricht nicht biblischem Denken. Christen denken in erster Linie nicht national. Ein aufmerksamer Historiker wird sagen: Die Deutschen haben kein Nationalbewußtsein mehr. So extreme Leute wie Hitler können hochkommen, gerade weil die Deutschen keine Deutschen sind – sie sind vorrangig Schwaben und Bayern und Hessen, Sachsen und andere »Landsleute«. Das führt leicht zu einem aufgesetzten, extremen Nationalverständnis, denn es besteht kaum ein natürliches Nationalgefühl. Das ist historisch begründet. Denn Deutschland war noch sehr spät vom Feudalismus bestimmt, als andere Länder schon längst Nationalstaaten waren. »Deutschland« wurde erst durch Bismarck durch den Mythos »Blut und Eisen« geschaffen, viel später im Vergleich zu England und Frankreich oder gar zu den Vereinigten Staaten von Amerika. Zuerst sind wir hoffentlich Christen, dann Schwaben . . . und als solche dann auch Deutsche.

»Er sagte aber von Sara, seiner Frau: Sie ist meine Schwester.«

Abraham wußte, daß seine Frau schön war, daß sie begehrt werden würde, auch von dem König in Gerar, und daß der König sie zu sich nehmen würde. So überlegt er im voraus, wie er sich und

Sara schützen kann. Aber er sucht Schutz auf Kosten von Saras Keuschheit, auf Kosten seiner Ehe mit Sara. Er benutzt sie, weil er fürchtet, daß andere sie in ihrem Sinn benutzen werden. Wie kommen wir als Menschen zu solch einer Überlegung? Ist es nicht so: Die Gedanken, die wir über das Böse des anderen haben, spiegeln immer Gedanken, die in uns selbst Raum haben. Abraham ist in seinen Gedanken unrein. Gewiß, man könnte sagen: Er ist klug und vorsichtig; aber spiegeln sich in seinen Überlegungen nicht auch deutlich unreine Gedanken?

Man könnte einwenden: »Sie war aber doch auch die Schwester.« Aber das wäre nicht eindeutig, denn sie war nur seine Halbschwester, vorrangig ist sie aber seine Frau. Seine Frau zu sein ist wichtiger, als seine Schwester zu sein. So gehen auch wir öfters mit der Wahrheit um und geben etwas Zweideutiges als Wahrheit aus. Aber damit wird solche »Wahrheit« zur Lüge. Die Bibel ist ein Ruf zur Ehrlichkeit. Abraham, der Vater der Gläubigen, wird hier zum Problem – und wir sind nicht besser als er.

»Da sandte Abimelech, der König von Gerar, hin und ließ sie holen.«

Abraham hat also anscheinend doch recht: Der Mann begehrt die Frau. Abimelech aber hatte schon eine »Frau und Mägde«, wie der Schluß des Kapitels berichtet. So ist er mit seinem Begehren auf dem Weg, Ehebruch zu begehen. Was bedeutet Ehebruch? Man bricht in eine andere Ehe ein oder man bricht die eigene Ehe. Doch es kommt mit Sara nicht soweit, er sah sich früh genug getäuscht. Er wird bewahrt, daß er nicht in eine Ehe einbricht.

»Aber Gott kam zu Abimelech des Nachts im Traum . . .«

Hier kommt Gott zu einem Heiden. Wer sagt, daß die Bibel ein »Judenbuch« sei, soll einmal wirklich anfangen, die Bibel tiefer zu lesen. Abimelech benimmt sich in dieser Geschichte letzten Endes viel besser als Abraham. Gott erscheint zuerst dem Abimelech. Gott hätte auch Abraham erscheinen können und mit ihm reden, aber er geht zu dem Heiden. Gott hat im Alten Testament immer wieder einen Weg auch mit Heiden. Heiden schließen sich dem Volk Israel an, Heiden sollen gerufen, hergelockt werden zu dem Gott Israels durch das gehorsame Leben der Juden. Nicht anders ist das auch mit der Art und dem Weg der christlichen Mission, die das Evangelium den Heiden durch Wort *und* Tat bezeugt.

»Aber Gott kam zu Abimelech des Nachts im Traum und sprach zu ihm: Siehe, du bist des Todes um des Weibes willen, das du genommen hast; denn sie ist eines Mannes Ehefrau.«

Wie können wir diesen Traum in Verbindung bringen mit dem Text bei Jeremia, wo dieser sagt: Die falschen Propheten reden über Träume und Visionen, aber die richtigen bekommen das Wort von Gott (Jer. 23,25). Jeremia warnt vor den Wunschträumen der falschen Propheten: Gott bringt Frieden, Gott schützt die Juden – obwohl er es doch gar nicht immer tut! So kann man es auch heute hören: »Wir sind getaufte Christen, deswegen haben wir Heil!« Taufe allein bringt aber nicht Heil, sondern Glaube und Nachfolge. Wunschträume führen vom Entscheidenden weg. Gott kann auch durch Träume sprechen, aber wir müssen sehr vorsichtig sein, denn nicht nur Gott kann durch Träume sprechen. Aber von Abimelech wird berichtet, daß Gott im Traum zu ihm spricht. Wir stehen in der Gefahr, Wünsche zu träumen und vor diesem Hintergrund auch zu beten. Viele Leute beten, um zu bekommen, was sie haben wollen. Die Zielsetzung ihres Gebets ist das eigene Haben-Wollen. Sie beten und schauen dabei in die Bibel, bis sie etwas Passendes finden und sagen dann: »Gott hat mir das gesagt.« Das ist eine große Selbsttäuschung im Gebet, und viele Christen leben darin. Sie wissen bei ihrem Beten im voraus in ihrem Herzen, was sie wollen, und achten nur auf einen Text, der dem entspricht, und dann sagen sie: »Der Herr hat mir das gesagt.« Vorsicht! Der Weg des Gebets ist der der Auslieferung an den Herrn, sein Wort und damit an seinen Willen. Das kann zu total anderen Wegen führen, als was wir vorhaben und was wir wollen. Das ist herausfordernd – aber so ist die Bibel.

»Abimelech aber hatte sie nicht berührt und sprach: Herr, willst du denn auch ein gerechtes Volk umbringen?«

Das ist eine Fortsetzung der Thematik von Sodom und Gomorra: Wird der Herr ein gerechtes Volk umbringen? Abimelech, als Beispiel für dieses Volk, handelt nicht ungerecht. Da ist nur in dieser Angelegenheit der Bezug zu seiner eigenen Frau, der in diesem Text wirklich nicht geklärt ist, denn er wollte Sara ja zu sich nehmen.

Doch Abimelech ist ein Beispiel – wie die Seeleute und die Niniviten bei Jona –, daß Heiden oft besser wissen, wie man auf Gottes Wort reagiert und davon betroffen ist, als Gottes Leute.

Auch die Jünger Jesu tun in der Passionszeit fast nie das Richtige. Nur das bitterliche Weinen des Petrus, und daß Johannes aus Liebe und Pflicht beim Kreuz ist, ist richtig. Ansonsten enttäuschen sie uns. Unser Glaube gründet also offensichtlich nicht auf unserer Frömmigkeit oder auf dem, wie gut wir sind. Unser Glaube ist gegründet auf das, was er, was Jesus für uns tut. Immer war das große Problem am Glauben für mich nicht Jesus, sondern die Verbindung zwischen Jesus und mir, zwischen Jesus und Kirche, zwischen Jesus und Gemeinde. Denn Jesus ist viel zu gut für uns; er ist viel besser als wir. Da leuchtet das Problem der Heiligung auf. Wenn man bedenkt, wie Christen mit wenigen Ausnahmen im Dritten Reich total versagt haben. Wenn die Christen in jener Zeit wirklich bewußt gegen Hitler und seinen Antisemitismus aufgestanden wären, hätte das Grauen des Holocaust nie passieren können. Aber sie verschlossen lieber die Augen und waren feige.

Um das geht es, was mir zum großen Problem am Glauben wurde, nicht Jesus und seine Göttlichkeit – das sehe und erlebe ich ständig –, sondern wir selbst sind das Problem, unsere Schwäche, unsere Schuld. Und darauf zielt die Bibel ständig: Gott ist gerecht, Gott ist gut, und er will uns mehr und mehr in seinem Sinne verändern. Aber da sind wir für ihn schwere Brocken, wie es Paulus von sich selbst sagt und ich auch von mir und gewiß mancher ehrliche Christ von sich. Gott will keine Scheinheiligkeit; er will, daß wir ehrlich mit uns selbst sind. Wir sind alle »schwere Brocken«, aber er arbeitet an uns. Gott geht einen historischen Weg mit uns – auch wenn wir das nicht immer so klar erkennen. Gott wirkt immer wieder, indem er das Dunkle in uns ans Licht bringt, auch wenn wir nicht merken, wie er uns dabei führt. Aber er hat uns geführt. Es gibt dadurch einen Wandel in uns, Veränderungen, nicht immer große. Aber Gott wirkt an uns, solange wir das zulassen.

Wir können uns gegen sein Wirken an uns auch abschirmen mit unserer Frömmigkeit, mit unserer Art zu Denken, mit unserer Selbstgerechtigkeit. Dann kann er nicht an uns arbeiten. Glaube bedeutet, Ausgeliefertsein an den Herrn und sein Wort, seinen Geist, der durch sein Wort wirkt.

Es leuchtet das Problem die »Gerechten unter den Heiden« auf. Im Neuen Testament sind es die Gottesfürchtigen unter den Heiden. Sie glaubten an den Gott Israels, mußten aber nicht das ganze Gesetz halten, und viele von ihnen wurden Christen. Ihre Frömmigkeit übertraf die von Israel im besten Sinn – »So einen Glauben habe ich in ganz Israel nicht gefunden«, sagt Jesus in bezug auf den Hauptmann von Kapernaum. Ich frage mich, ob das heute nicht umgekehrt ist: Die Glaubensintensität und die Messiaserwartung in Israel übertrifft weit jene, die wir im sogenannten christlichen Abendland finden. »Die Zeit der Heiden geht zu Ende«, sagt Jesus (Lukas 21). Wir werden vorher entrückt, und das Heil geht mit der Wiederkunft Jesu wieder an Israel und durch Israel nochmals zu den Völkern.

»Hat er nicht zu mir gesagt: Sie ist meine Schwester? Und sie hat auch gesagt: Er ist mein Bruder.«

Beide, Abraham und Sara, haben sich in diese Lüge verstrickt. Wie sie auch beide nicht glaubten, daß sie noch ein Kind bekommen würden. Ist das nicht immer so in einer guten Ehe: beide?

»Und Gott sprach zu ihm im Traum: Ich weiß auch, daß du das mit einfältigem Herzen getan hast.«

Gott bestätigt, daß Abimelech einfältig gehandelt hat, einfältig in bezug auf Sara, aber nicht in bezug auf seine eigene Frau – was hier unausgesprochen bleibt. Und wenn die Bibel hier, wie an anderen Stellen, vom »Herzen« spricht, meint sie nicht nur das Gefühl, sondern die Gedanken und das Gefühl.

»Darum habe ich dich auch behütet, daß du nicht wider mich sündigtest, und habe es nicht zugelassen, daß du sie berührtest.«

Gott sah, daß dieser Mann unschuldig ist. Was passiert, wenn wir etwas tun, was nicht richtig ist, aber wir sind nicht in der Lage zu wissen, daß es nicht richtig ist? Ein Gebet ist da wichtig: Schütze mich gegen meine unerkannte Schuld – hebräisch »Chatah«.

Aber die unerkannte Schuld kann eine viel größere Tiefe haben, daß ich nämlich so schuldig bin, daß ich gar nicht weiß, daß ich schuldig bin. Das ist der andere Aspekt von »Chatah«. Der erste ist nicht so schlimm: Man tut etwas Böses, ohne zu wissen, daß es böse ist. Es ist nicht böse gemeint, und aus unserer Sicht ist es auch wirklich nicht böse – so erlebte und empfand es Abimelech. Aber »Chatah« hat eben auch diese andere Dimension, daß wir zutiefst schuldig sind, ohne es zu merken, *weil* wir so schuldig sind, daß wir es gar nicht mehr merken. Nicht jede Schuld ruft ein schlechtes Gewissen hervor. Wir können froh sein, wenn sich ein schlechtes Gewissen bei uns meldet. Das ist dann Gottes Weg mit uns. Deswegen sollte man immer auch beten: »Herr, vergib mir meine unerkannte Schuld.« »Chatah« – das ist unsere Grundentfernung von Gott.

»So gib nun dem Mann seine Frau wieder, denn er ist ein Prophet, und laß ihn für dich bitten, so wirst du am Leben bleiben.«

Ist es merkwürdig, wenn hier der Begriff »Prophet« für Abraham gebraucht wird? Sprechen wir von »Propheten« nur im Zusammenhang der biblischen Prophetenbücher? In der Bibel sind alle zentralen Gestalten von Abraham an Propheten. Man spricht von den »vorderen« und »hinteren Propheten«. Aber auch Abraham wird hier Prophet genannt. Die Bezeichnung »Prophet« hat nicht nur etwas mit Zukunftsvoraussage zu tun. Das ist nicht das Zentrum der Prophetie. Vielmehr ist das Zentrum biblischer Prophetie immer auch die Gegenwart. Der Prophet ist ein Mittler zwischen Gott und dem Volk und zwischen dem Volk und Gott. Und Abraham vertritt als Urpatriarch das Volk; er vermittelt zwischen Gott und dem Volk und dem Volk und Gott. Außerordentlich bedeutsam ist die Vermittlung der Prophetie in der Gegenwart. Deshalb wurde Martin Luther von Melanchthon der »große Prophet seiner Zeit« genannt. Luther hatte nie Visionen über die Zukunft oder hat Zukunftsvoraussagen gemacht, aber er hat die Lage der Kirche und die Lage des Volkes im biblischen Sinn am tiefsten und schärfsten verstanden. Solches Erkennen ist das Zentrum der Prophetie. Das ist das wahre evangelische Erbe. Prophetie ist nicht als Schwärmerei zu verstehen, verbunden mit besonderen Visionen; das ist hier nicht gemeint. Die biblischen

Propheten haben durch Gottes Vermittlung auch die Zukunft ge-
sehen, denn Gott ist ein Gott der Geschichte. Deshalb waren sie
alle große Historiker mit dem Blick Gottes über die gesamte
Geschichte Israels, mit dem Aktuellen der jeweiligen Gegenwart
im Mittelpunkt und dann zugleich auch mit einer Schau der
Zukunft. Denn Gott ist A und O, Anfang und Ende, er heißt
Jahwe, der Seiende, der Wirkende, der in der Geschichte wirkte.
Deshalb hat der Prophet diesen gesamtgeschichtlichen Überblick.
Aber das Zentrum seines Schauens ist immer die Gegenwart. So
ist es auch hier mit Abraham. Er hat als Vermittler im Gebet
Vollmacht von Gott.

*»Wenn du sie aber nicht wiedergibst, so wisse, daß du des Todes
sterben mußt und alles, was dein ist.«*

Seien wir uns darüber im klaren: Ehebruch ist eine Todsünde. Das
bedeutet nicht, daß Todsünden nicht vergeben werden könnten.
Jesus hat zu einer Ehebrecherin gesagt: »Sündige nicht mehr.«
Das bedeutet doch: Man muß damit aufhören, man muß konse-
quent einen neuen Weg gehen. Maria Magdalena war eine Hure.
Sie hatte sieben böse Geister. Die Zahl Sieben ist die Schöpfungs-
zahl, bedeutet in ihrer Perversion aber auch das Böse, und das ist
Hurerei, die schlimmste Sünde für eine Frau in der Bibel. Ehebruch ist ein Bruch mit Gott, denn wir leben in einer »Ehe« mit
Gott. Wir haben nur einen Gott. Er ist der Bräutigam und wir sind
die Braut, persönlich und als Gemeinde, Israel und der Neue
Bund. Und auch dazu sind wir aufgefordert: »Du sollst nicht
ehebrechen.« Das steht in direkter Beziehung zum ersten Gebot,
daß wir keinen anderen Gott neben Jahwe haben sollen. So sollen
wir auch nur eine Frau bzw. einen Mann haben. Ehebruch ist
genauso schlimm wie Mord. So brechen wir auch die »Ehe« mit
Gott, wenn wir die Ehe mit unserer Frau oder unserem Mann
brechen. Das muß deutlich gesagt werden. Aber Vergebung kann
es geben, wenn man seine Wege ändert. Wann vergibt uns Gott
unsere Schuld? Erst wenn wir um Vergebung bitten. Wenn wir
nicht um Vergebung bitten, wird uns nicht vergeben. Das ist eine
klare Sache. So sollen auch wir mit Menschen umgehen, die an
uns schuldig geworden sind, daß wir ihnen nur vergeben, wenn
sie uns um Vergebung bitten. Das fordert uns aber heraus, daß wir

stets bereit sein sollen zur Vergebung und daß wir immer für sie beten. Aber es ist nicht richtig, aus falsch verstandener Liebe jemand zu vergeben, der in Sünden beharrt. Jesus tut das nie. Er sagt: »Sündige nicht mehr.« Das ist wichtig.

»Da stand Abimelech früh am Morgen auf und rief alle seine Großen und sagte dieses alles vor ihren Ohren. Und die Männer fürchteten sich sehr.«

Wenn etwas wichtig ist für uns, dann stehen wir früh auf, dann wollen wir nichts anderes mehr dazwischenkommen lassen. Da wird das Jetzt entscheidend. In diesem Heiden hat Gottesfurcht Raum. Das ist ein Fingerzeig gegen Abraham. Denn Abrahams Gedanken, bei jeder undurchsichtigen Gelegenheit Sarah als seine Schwester auszugeben, das sind unsaubere Gedanken. Denn er unterstellt: Alle anderen sind böse, nur wir sind fromm und gut. Seine Gedanken aber erweisen sich als unrein. Gottesfurcht bei Heiden – Fingerzeige gegen fromme Menschen in der Bibel, immer wieder aber auch gegen uns, denn leider ist es öfters zu erleben, daß Nichtchristen besser sind als wir. Das beschämt uns, und wir sollen daraus lernen. Wenn wir Menschen zu Christus führen wollen, müssen sie spüren, daß unser Glaube eine verändernde Auswirkung auf uns hat. Und wenn wir keine Liebe und keine echte Demut ausstrahlen, wenn sie merken, daß sich nichts bei uns verändert, sind wir unglaubwürdig. Ich hörte dazu eine hervorragende Geschichte von Klaus Vollmer. Ein junger Mann schreibt ihm und fragt: »Ich bin zum Glauben gekommen, wie kann ich meine Eltern zum Glauben bringen?« Klaus Vollmer antwortete: »Schau, daß dein Zimmer aufgeräumt ist, junger Mann, das ist der beste Anfang.« Da wird Glauben konkret und praktisch.

Gezielte Veränderung beim einzelnen vermag konkretes Nachdenken bei anderen auszulösen. Abimelechs Konsequenz löste bei seinen »Großen« Furcht aus – Gottesfurcht? Das war auch bei den Leuten so, die bei Jona im Schiff waren – Jona läuft weg von Gott, aber die Heiden fürchten sich vor Gott.

»Und Abimelech rief Abraham auch herzu und sprach zu ihm: Warum hast du uns das angetan? Und was habe ich an dir gesündigt, daß du eine so große Sünde wolltest auf mich und

*mein Reich bringen? Du hast an mir gehandelt, wie man nicht
handeln soll.«*

Und das ist ein Fingerzeig für uns, für unsere Wege. Wir sollen
unsere Wege immer wieder unter dem Wort prüfen, daß wir nicht
in eine Lage kommen, in der Heiden zu uns sagen: »Die Christen
benehmen sich schlechter als wir. Was muß das für ein Gott sein,
dem sie gehören wollen!« Gewiß, auch die andere Seite gibt's,
daß Heiden nur das Schlechteste über uns sagen wollen und
Tatsachen zu allen möglichen Gerüchten verdrehen; das soll ihnen dann zu einem Alibi dafür werden, in ihren heidnischen
Wegen zu verharren. Begriffe wie Superfromme, Pietisten, Fun-
damentalisten . . . lassen sich dazu leicht breitwalzen. Das ist ein
großes Übel. Aber in manchem Vorwurf steckt trotzdem eine
gewisse Wahrheit. Es ist gut, davor nicht die Augen zu verschließ-
en, denn die Bibel zeigt uns das. Probleme sollen wir immer bei
uns selbst zuerst suchen, den Balken aus dem eigenen Auge
zuerst entfernen, sagt Jesus. Das ist auch für Abraham der
schlimmste Vorwurf aus dem Munde des heidnischen Königs:
Du, als ein Erwählter Gottes, handelst übel und willst mich damit
verderben.

*»Und Abimelech sprach weiter zu Abraham: Wie bist du dazu
gekommen, daß du solches getan hast? Abraham sprach: Ich
dachte, gewiß ist keine Gottesfurcht an diesem Orte . . .«*

Direkt vorher steht: »Alle diese Männer fürchteten sich sehr.«
Das bedeutet, daß Abraham ohne echte Gottesfurcht handelt, weil
er keine Gottesfurcht bei anderen vermutet. Die Gedanken, die
wir auf andere übertragen, spiegeln eine Schuld in uns selbst. Das
ist immer der Fall. Wir sollten dabei sehr vorsichtig sein, wie wir
mit unseren Feinden umgehen. Die Sprache und die Gedanken,
die wir haben, zeigen vieles über uns selbst. Das macht dieser
Text sehr deutlich: Abraham ist überzeugt, daß die Leute in Gerar
alle nicht gottesfürchtig sind, weil sie nicht zu dem Gott Israels
gehören. Aber sie zeigen eine viel größere Gottesfurcht als er in
seinem Alter.

». . . und sie werden mich um meiner Frau willen umbringen.

*Auch ist sie wahrhaftig meine Schwester, denn sie ist meines
Vaters Tochter, aber nicht meiner Mutter Tochter . . .«*

Nein, Abraham, das ist keine Antwort, damit kannst du dich nicht
freisprechen! Daß sie »wahrhaftig meine Schwester« ist, ist nur
eine schöne Wendung. Nein, sie ist Abrahams Frau, *und* sie ist
seine Halbschwester. Aber eine Halbschwester zu sein hat keinen
Vorrang gegenüber dem Frau-Sein.

Eine Teilwahrheit ist doch auch Wahrheit – warum sollte man
sie nicht sagen? Da gilt zu bedenken, daß Satans Wege nie glatte
Lüge sind, sondern Satans Wege sind immer Viertel- oder Halb-
wahrheiten, manchmal auch Dreiviertelwahrheit. Eine eindeutige
Lüge hätte Jesus nicht ans Kreuz gebracht. Lügengeister bringen
ihn nicht ans Kreuz. Wahrhaftiges aber bringt ihn ans Kreuz: Er
hat gesagt, er würde den Tempel in drei Tagen wieder aufbauen.
Das ist wahrhaftig! Bist du der Sohn Gottes? Ja, wahrhaftig!
Wahrheit ist Jesu Todesursache. Im Gebot heißt es: »Du sollst kein
falsches Zeugnis reden wider deinen Nächsten.« Wir können die
Wahrheit sagen und doch dieses Gebot brechen – z. B. wenn wir
die Wahrheit sagen und dabei einen Menschen in seinem Wesen
zerstören. Da ist einer aus dem Gefängnis entlassen und will einen
neuen Anfang machen und kommt in unsere Gemeinde. Wenn ich
dann überall im Ort »erkläre«, daß dieser Mann im Gefängnis war,
sage ich zwar die Wahrheit, aber ich breche dieses Gebot. Was
immer das Wesen meines Redens über ihn war, Absicht oder
Neugierbefriedigung oder . . . , ich zerstöre damit einen Mann,
der einen neuen Anfang machen will. Das ist eigentlich die
schlimmste Art, wie man dieses Gebot brechen kann – mit der
Wahrheit! Jesus wurde gekreuzigt wegen der Wahrheit, nicht
wegen der Lügengeister. Die Gegner Jesu kommen mit allen
möglichen Lügengeistern, und sie können nichts gegen ihn aus-
richten. Dann aber fangen sie mit der Wahrheit an und kommen
an ihr Ziel: Kreuzige ihn!

*». . . so ist sie meine Frau geworden. Als mich aber Gott aus
meines Vaters Hause wandern hieß, sprach ich zu ihr: Die Liebe
tu mir an, daß, wo wir hinkommen, du von mir sagst, ich sei dein
Bruder.«*

Gott hatte Abraham aufgefordert zu wandern. Aber er geht nicht gerade Wege. Das wird auch an diesem Text wieder deutlich. Das Problem der krummen Wege ist ein Thema an vielen Stellen der Bibel. Große biblische Helden gehen immer wieder einmal ihre eigenen, schiefen Wege – bis sie, wie Paulus, dann zur »Geraden Straße« kommen. Da ist Mose: Totschlag – David: Ehebruch und Mord – Elia: »Ich bin nicht besser als meine Väter« und flieht vor einer Frau, nachdem er alleine, doch mit Gottes Kraft, gegen 850 Männer gekämpft hat – Petrus: Er geht zurück zu seinem alten Lebensstil am See Genezareth, nachdem er den Gekreuzigten und Auferstandenen erlebt hat, und erkennt den Herrn zunächst nicht – Paulus: Er wirft keinen Stein, sondern – wie ein SS-Offizier – unterschrieb er »nur«, daß Stephanus umgebracht würde. Das sind die biblischen »Helden«!

Was sagt uns das? Der Herr will mit uns ans Ziel kommen. Das ist sein gerader Weg, aber wir sind auf diesem die »schweren Brocken«. Die Wege unserer Irrungen und Wirrungen sind letzten Endes öfters lange Wege, denn der Herr braucht auf ihnen lange, um mit uns ans Ziel zu kommen. Die schnellen Bekehrungen von Leuten, die besondere Wunder, die plötzlich den Heiligen Geist erleben wollen, das ist öfters Schwarmgeist. Die Erfahrung des Paulus vor Damaskus ist ganz und gar ungewöhnlich. Ich habe auch Bekehrungen erlebt, aber das hat mitunter jahrelang gedauert. Bei mir selbst war das auch so, und der Prozeß hält immer noch an. Bekehrung zu Jesus geschieht selten in einem Moment. Bekehrung ist Gottes Handeln immer wieder an uns. Freilich gibt es einen konkreten Augenblick, in dem wir sagen können: »Ich weiß, daß ich an Jesus Christus glaube und daß er mein Herr ist.« Aber das muß von mir immer wieder bestätigt werden. Oder gibt es Menschen, die wirklich *immer* mit Gott leben? Wir gehen doch immer wieder einmal unsere Wege.

»Als mich aber Gott aus meines Vaters Hause wandern hieß, sprach ich zu ihr: Die Liebe tu mir an, daß, wo wir hinkommen, du von mir sagst, ich sei dein Bruder.«

Diese Aufforderung Abrahams an Sara bedeutet im Grunde genommen doch, daß er sie dem Geschlechtsverkehr mit allen möglichen Männern ausliefert. Eine beschämende Forderung! Verpackt in die Floskel: »Die Liebe tu mir an . . .« – das hat nichts mit Liebe zu tun, eine Frau so zu benutzen. Abraham kommt in dieser Geschichte nicht sehr gut weg. Bemerkenswert ist, daß Abraham unter Juden nicht als der große Gläubige gilt. Der Talmud sagt, Jakob sei viel besser als Abraham. Das wissen Christen nicht. Jakob ist zwar auch nicht die beste Persönlichkeit. Der einzige, der im Alten Testament wirklich Vordeutungen in diesem Sinne auf Jesus zeigt, dem wirklich kaum Sünde zugerechnet wird, ist Josef. Über Josef und seinen Bezug zu Jesus wurde schon manches Gute geschrieben. Die beste Persönlichkeit der Bibel, ja, der ganzen Menschheit von Anbeginn ist Jesus, der Christus.

»Da nahm Abimelech Schafe und Rinder, Knechte und Mägde und gab sie Abraham und gab ihm Sara, seine Frau, wieder und sprach: Siehe da, mein Land steht dir offen; wohne, wo dir's wohlgefällt.«

Ein Zeichen des Segens in den Urschichten der Bibel ist viel Hab und Gut, Reichtum und langes Leben. Dies ändert sich sehr schnell im Alten Testament. »Warum geht es den Gottlosen so gut? Sie brüsten sich wie ein fetter Wanst und tun, was ihnen einfällt . . . Und ich bin täglich geplagt«, heißt es später. Not und Armut derer, die zu Gott gehören, fängt nicht erst im Neuen Testament an, das ist schon deutlich alttestamentliche Erfahrung. In den Zeiten der Patriarchen sind die Zeichen göttlichen Segens noch anders. So auch hier, als Abimelech Abraham entläßt. Aber er verweist ihn noch nicht einmal seines Landes, sondern gewährt ihm sogar Aufenthaltsrecht – wie wir heute sagen könnten: »Mein Land steht dir offen.« Da entdecken wir schon eine Vordeutung auf Israels Wanderung aus Ägypten zum Heiligen Land. Das war damals und ist heute die zentrale Frage an alle Völker: Laßt ihr uns durch, oder laßt ihr uns nicht durch? Abimelech hat die gerechte Haltung: Das Land steht Abraham offen. Es kann ja auch gar nicht anders sein, denn nach Gottes Plan gehört es ihm schon. Gott hat dieses Land Abraham gegeben. Nur scheinbar gehört es noch dem Abimelech.

Das richtige Handeln Abimelechs hat auch mit unserer Einstellung als Christen zu den Juden zu tun. Ein gerechter Heide erlaubt hier einem Juden, dazubleiben. Was geschah in vergangenen Jahrhunderten in Deutschland, in Spanien, in . . .? Was haben die Völker immer wieder getan? Doch wie man an den Juden handelt, so wird Gott an uns handeln. Das ist ein Satz, der sich durch die ganze Bibel und durch die Menschheitsgeschichte zieht. Der »geringste Bruder« – wen meint Jesus, wenn er sagt: »Was ihr meinem geringsten Bruder tut, das tut ihr mir«? Wir haben leibliche Brüder und Schwestern, auch geistliche Brüder und Schwestern in der Gemeinde, aber wer ist der geringste Bruder? Die »geringsten Brüder« sind die Juden. Sie sind »Feinde um des Evangeliums willen«, aber »Geliebte um der Väter willen«. Und was wir den Juden tun, das tun wir Jesus. Die Juden sind »Gottes Augapfel«. Der Heide Abimelech weist dem Versager Abraham sein Land zu – »sein Land« in doppelter Bedeutung.

»Und zu Sara sprach er: Siehe da, ich habe deinem Bruder tausend Silberstücke gegeben; siehe, das soll eine Decke sein über den Augen aller, die bei dir sind, dir zugute. Damit ist dir bei allen Recht verschafft.«

Die »Decke über den Augen« begegnet uns mehrfach in der Bibel: Jesaja sagt, die Heiden haben eine Decke über den Augen; Paulus sagt, die Juden haben eine Decke über den Augen (Römer 11); und hier bedeutet diese Decke nicht, daß sie Gott nicht sehen können, sondern sie ist ein Schutz, ein Zeichen für die Völker, daß sie dieses Volk gut behandeln sollen. Das ist ein merkwürdiger Zweck dieser Decke. Es ist nicht eine Decke, die unsere Beziehung zu Gott verdeckt, so daß wir ihn nicht sehen können, wie die Heiden bei Jesaja oder die Juden bei Paulus, sondern es ist eine Decke als Zeichen des Schutzes, wie Moses Decke, nachdem er die Gebote bekam, eine Decke vor den Augen zur Erinnerung an Gott. Hier gibt ein gerechter Heide die Antwort auf das falsche Verhalten Abrahams, er gibt ihm den Schutz des Gerechten. Das ist nochmals ein Fingerzeig für Abraham und die Juden: Der gerechte Heide gibt Abraham alles, sogar einen Schutz. Und was tun wir? Deutsche wollten Abrahams Nachkommen ins Verderben bringen. Die Bibel aber sagt: Wie wir an den Juden handeln, dem geringsten Bruder, so wird Gott uns selbst beurteilen, weil dieser geringste Bruder Gottes Augapfel ist.

In diesem Text geht es jedoch zunächst einmal scharf gegen Israel und Israels ungerechtes Handeln, wo doch später Israel die Gerechtigkeit Gottes anvertraut wird, seine Thora; aber Heiden wissen hier, was Gerechtigkeit ist. Sie antworten auf schlechte Behandlung mit guter Behandlung. Gott sei Dank gibt es viele Christen, die das gelernt haben. Aus den Straflagern Stalins in Rußland sind viele Geschichten von Christen bekannt, die mit Liebe die Menschen behandelten, von denen sie verfolgt wurden. Das kommt dem Wesen der Mission zugute, daß die Feinde »gereizt« werden und sagen: Die haben etwas, was wir nicht haben; wir hassen sie, und sie antworten mit Liebe. Das durchzuhalten, ist außerordentlich schwer. Aber genau das will Jesus von uns haben; und genau das will er uns hier in diesen Urgeschichten des Alten Testaments zeigen.

Gottes Gebot: Austreibung Ismaels und seiner Mutter

*Und der Herr suchte Sara heim, wie er gesagt hatte, und tat an ihr, wie er geredet hatte. Und Sara ward schwanger und gebar dem Abraham in seinem Alter einen Sohn um die Zeit, von der Gott zu ihm geredet hatte. Und Abraham nannte seinen Sohn, der ihm geboren war, Isaak, den ihm Sara gebar, und beschnitt ihn am achten Tage, wie ihm Gott geboten hatte. Hundert Jahre war Abraham alt, als ihm sein Sohn Isaak geboren wurde. Und Sara sprach: Gott hat mir ein Lachen zugerichtet; denn wer es hören wird, der wird über mich lachen. Und sie sprach: Wer hätte wohl von Abraham gesagt, daß Sara Kinder stille! Und doch habe ich ihm einen Sohn geboren in seinem Alter. Und das Kind wuchs heran und wurde entwöhnt. Und Abraham machte ein großes Mahl am Tage, da Isaak entwöhnt wurde. Und Sara sah den Sohn Hagars, der Ägypterin, den sie Abraham geboren hatte, wie er Mutwillen trieb. Da sprach sie zu Abraham: Treibe diese Magd aus mit ihrem Sohn; denn der Sohn dieser Magd soll nicht erben mit meinem Sohn Isaak. Das Wort mißfiel Abraham sehr um seines Sohnes willen. Aber Gott sprach zu ihm: Laß es dir nicht mißfallen, wegen des Knaben und der Magd. Alles, was Sara dir gesagt hat, dem gehorche; **denn nur nach Isaak soll dein Geschlecht benannt werden.** Aber auch den Sohn der Magd will ich zu einem Volk machen, weil er dein Sohn ist. Da stand Abraham früh am Morgen auf und nahm Brot und einen Schlauch mit Wasser und legte es Hagar auf ihre Schulter, dazu den Knaben, und schickte sie fort. Da zog sie hin und irrte in der Wüste umher bei Beerscheba. Als nun das Wasser in dem Schlauch ausgegangen war, warf sie den Knaben unter einen Strauch und ging hin und setzte sich gegenüber von ferne, einen Bogenschuß weit; denn sie sprach: Ich kann nicht ansehen des Knaben Sterben. Und sie setzte sich* *gegenüber und erhob ihre Stimme und weinte. Da erhörte Gott die Stimme des Knaben. Und der Engel Gottes rief Hagar vom Himmel her und sprach zu ihr: Was ist dir, Hagar? Fürchte dich nicht; denn Gott hat gehört die Stimme des Knaben, der dort liegt. Steh auf, nimm den Knaben und führe ihn an deiner Hand; denn ich will ihn zum großen Volk machen. Und Gott tat ihr die Augen auf, daß sie einen Wasserbrunnen sah. Da ging sie hin und füllte den Schlauch mit Wasser und tränkte den Knaben. Und Gott war mit dem Knaben. Der wuchs heran und wohnte in der Wüste und wurde ein guter Schütze. Und er wohnte in der Wüste Paran, und seine Mutter nahm ihm eine Frau aus Ägyptenland.*   1. Mose 21, 1-21

»*Und der Herr suchte Sara heim, wie er gesagt hatte, und tat an ihr, wie er geredet hatte.*«

Was der Herr verspricht, das tut er, jedoch wann und wie er will, nicht wann und wie wir wollen. Denn Gottes Heilsplan und Heilsweg steht über unserer Zeit und richtet sich nicht nach unserem Willen und Gutdünken. Denn er ist der Herr und weiß viel besser was, aber auch wann etwas gut für uns ist.

Mit Sara beginnt eine Liste von Frauen, welche zu alt oder unfruchtbar waren, um Kinder zu bekommen – Rahel, Hanna, Elisabeth. Dieser Weg führt auch zu Maria, die keinen Mann kannte. Der Heilige Geist selbst ist der Vater Jesu Christi, denn der Herr steht über allen Naturgesetzen wie über den Gesetzen Mose, denn er hat auch alle diese Gesetze selbst geschaffen.

»*Und Sara sprach: Gott hat mir ein Lachen zugerichtet; denn wer es hören wird, der wird über mich lachen.*«

Hatte nicht Sara zuerst gelacht, als die Männer bezeugten, daß sie ein Kind bekommen werde? Sie glaubte es nicht, sie hielt die Männer in diesem Zusammenhang für unkundig. Jetzt lacht Sara wegen des Bildes, das eine so alte Frau abgibt, wenn sie ein Kind stillen wird: »Wer es hören wird, der wird über mich lachen.« Spießbürgerlich ist Sara. Als sie an sich selbst das Wunder erlebt als Erfüllung von Gottes Verheißung, denkt sie viel mehr daran, was die anderen sagen werden, als an Gottes Wege mit ihr und mit Abraham. Einmal fragte mich eine Frau nach einem Vortrag über Hanna, die Mutter Samuels: »Aber diese gläubige Frau redet in einer Art und Weise, wie es ihr doch nicht geziemt.« Der Satz aus dem Lobgesang der Hanna hat eine Parallele zu unserem Text: »Die Unfruchtbare hat sieben geboren, und die viele Kinder hatte, welkt dahin.« Die Bibel ist jedoch nicht ein Buch zur Verherrlichung von Gottesmännern und -frauen. Gerade umgekehrt! Die Bibel stellt ihre Glaubenshelden in ihrer Schwachheit bloß: Mose, David, Elia, Jona, Petrus, Paulus . . . Das Versagen der Gotteshelden ist ein immer wiederkehrendes Thema in der Bibel. Damit wird offenbart,

1. die sichere Wahrheit der Bibel; denn wenn die Bibel nicht Gottes Wort wäre, dann würden alle solche Geschehen getilgt oder verschönert.
2. wie realistisch die Bibel ist – kein Märchenbuch, sondern uns menschlich nahe auch in unserem Versagen.
3. daß unser Glaube nicht auf unsere Person und unser Tun gegründet ist, sondern allein auf die Gnade Gottes – beides, Israels Erwählung und Erhaltung, wie auch die Erwählung und Erhaltung der Gläubigen im Neuen Bund.

Ja, nur einer versagt nicht, nur einer geht immer einen klaren Weg in Worten und Taten – Jesus Christus. Er ist gerade für uns Versager da, ob sie Mose, Elia, David oder Petrus oder wie jeder von uns heißen. Unser Glaube ist nicht gegründet auf unsere Gaben und unser Tun, sondern auf *seine* Gaben und *sein* Tun. Lernen wir aber von den Fehlern anderer und aus unseren eigenen Fehlern! Wichtig ist nicht, was die anderen sagen und tun – »Denn wer es hören wird, der wird über mich lachen« –, sondern Gottes großes Tun und seine Verheißung. Laßt uns auf Christus schauen, nicht auf die Urteile unserer erzählfreudigen, kritikgierigen Nachbarn.

Das große Mahl am Tage, da Isaak entwöhnt wird, gehört auch zu einer langen biblischen Tradition: Tischgemeinschaft mit dem Herrn. Leib, Geist und Seele sind biblisch gesehen eine unzertrennliche Einheit. Als Mose und die 70 Ältesten Gott schauten, steht am Schluß jenes Bibelabschnitts: »Und sie aßen.« So geht es fort durch die ganze Bibel, bis hin zu Jesu Tischgemeinschaft mit den Sündern und Zöllnern, bis hin zu seiner Abendmahlsgemeinschaft.

Und dann bricht Zwietracht aus unter den Frauen – eine alte wie neue Geschichte, zumal die beiden hier denselben Mann gehabt haben:

»Und Sara sah den Sohn Hagars, der Ägypterin, den sie Abraham geboren hatte, wie er Mutwillen trieb. Da sprach sie zu Abraham: Treibe diese Magd aus mit ihrem Sohn; denn der Sohn dieser Magd soll nicht erben mit meinem Sohn Isaak.«

War es nicht Sara selbst, die diesen Weg eingeleitet hatte, daß Abraham ein Kind durch ihre Magd bekommen sollte? Ist Saras Aussage hier nicht auch ein Spiegel ihrer eigenen Eifersucht? – »Denn der Sohn dieser Magd soll nicht erben mit meinem Sohn Isaak.« Sara stellt sich schlecht dar in dieser Situation. Sie ist getrieben von kleinbürgerlicher Selbstsucht, von Hader um das Erbe, ja, sicherlich auch von Neid. Deswegen hat Abraham recht, wenn er scharf dagegen reagiert: »Das Wort mißfiel Abraham sehr um seines Sohnes willen.« Abraham steht als guter Vater auch zu seinem Sohn Ismael. Er durchschaut diese Frauenrede. Aber dann kommt die menschlich gesehen große Überraschung:

»Aber Gott sprach zu ihm: Laß es dir nicht mißfallen wegen des Knaben und der Magd. Alles, was Sara dir gesagt hat, dem gehorche; denn n u r nach Isaak soll dein Geschlecht benannt werden.«

Der Herr steht für seine Verheißungen ein, denn die sind wichtiger als Abrahams väterliche Gefühle, auch wichtiger als das mögliche Unrecht, welches an Hagar und Ismael nun geschehen wird – vergessen wir aber hier niemals, daß der Herr, als Herr über der Zeit und über der Geschichte, alles im voraus weiß, auch daß und wie er persönlich für Ismael und Hagar sorgen wird. Aber noch wichtiger: Hier geht es um Gottes Wort und seine Verheißungen, und diese Worte und Verheißungen haben als Ziel das Angebot der Errettung der ganzen Welt, ob jüdisch oder heidnisch, durch Jesus Christus, der als Hebräer von Abraham und Isaak und Jakob abstammt. Menschliches Denken, hier Mitleid für Ismael und Hagar, wird befriedigt durch Gottes Beschluß und Verheißungen, welche allen Völkern in Jesus Christus zugute kommen sollen und werden.

Und dann lesen wir die Geschichte Ismaels und Hagars und von ihrer Errettung und Führung durch den Herrn. Ja, plötzlich wird die Grundlinie von Gottes Verheißung nicht mehr erzählerisch in den Mittelpunkt gestellt. Sara hat ihren Willen bekommen, und vielleicht hatte sie nicht ganz unrecht wegen Ismaels »Mutwillen«. Der Weg der Verheißung war mit Isaak Wirklichkeit geworden. Aber in Ismael erhebt sich eine Nebenlinie. »Denn nur nach Isaak soll dein Geschlecht benannt werden.« Weil diese wahre Verheißungslinie von Gott weitergeführt wird durch Jakob und schließlich bestätigt wird von Paulus in Römer 9, können wir niemals den Islam, Ismaels zukünftigen Weg, als eine der drei großen monotheistischen Religionen gleichberechtigt ansehen. Nein, der Islam ist ein Bastardglaube, ein Götze, welcher Jesus Christus als zweitrangigen Propheten ansieht und ständig »heilige Kriege« gegen Israel führt. Ismael hat freilich auch einen Segen, auch im Sinne des Schutzes und der Macht, aber er bekam nicht den heilsgeschichtlichen Segen zugesprochen: »Aber auch den Sohn der Magd will ich zu einem Volk machen, weil er dein Sohn ist . . . denn ich will ihn zum großen Volk machen.«

Interessant ist die seelsorgerliche Art Gottes in dem weiteren Geschehen mit Hagar und Ismael:

1. »Da zog sie (Hagar) mit Ismael hin und irrte in der Wüste umher bei Beerscheba.« Das erinnert an Israels zukünftige Wüstenwanderung, nachdem sie gegen den Herrn gesündigt hatten. Aber hier wird im voraus der Weg der vielen Araber geschildert, auch wenn Hagar aus der Kultur Ägyptens kam.

2. Gott hörte die Stimme des Knaben, obwohl erzählt wird, daß Hagar laut geweint hat. So ähnlich ist es mit dem Geschrei bezüglich Sodoms und Gomorras Sünde. Wer schrie denn? Was Gott »hört«, was er wahrnimmt, sind die Tatschen selbst: Sodoms und Gomorras Schuld, und hier: Ismaels große Not. Das bedeutet für uns alle, daß der Herr alle unsere Not sieht und kennt, aber, wie bei Sodom und Gomorra, auch unsere Sünde. Er »hört« auch, was unausgesprochen ist, denn er sieht in unser

Herz, in unser Wesen hinein. Unsere Sünde »schreit zum Himmel«.

3. »Steh auf, nimm den Knaben und führe ihn an deiner Hand; denn ich will ihn zum großen Volk machen.« Diese entscheidende Aussage kommt, bevor der Herr ihn zum lebensrettenden Wasser führt. So ging es schon Abraham vorher, als er keinen wahren Nachfolger hatte: Gott forderte ihn auf, die Sterne anzuschauen, um seine großen Verheißungen zu verdeutlichen. Gottes Schau, Gottes Verheißung ist entscheidend und dann erst das Stillen der menschlichen Not. Beides gehört aber zueinander wie die zwei Tafeln Mose zueinander gehören: zuerst was Gott will, seine Verheißungen, und dann sein praktisches Tun. Nächstenliebe kommt aus erfahrener Gottesliebe. Gottes Verheißungen weisen auf seine Liebe in seinem Tun hin.

4. Dann werden Hagars Augen »aufgetan«. Wir haben Augen und sehen doch nicht. Wir sind so mit uns beschäftigt, auch im täglichen, kleinlichen Sinne, daß wir für Gottes Wege mit und für uns öfters blind sind, auch in unserem Leiden und mancher Not.

Vergessen wir niemals Gottes Verheißungen für Israel, für die Gemeinde und für jeden von uns. Vergessen wir in unserer saraischen oder hagarischen alltäglichen und manchmal existentiellen Not niemals, daß der Herr uns führen will, nicht nur täglich, sondern aus dem Hintergrund der Ewigkeit zu seinem Ziel, zu seinem Reich. Gelobt sei Jahwe, der Gott Israels, der Vater Jesu Christi, der seiende, wirkende Gott!

Abrahams Versuchung –
Bestätigung der Verheißung

Nach diesen Geschichten versuchte Gott Abraham und sprach zu ihm: Abraham! Und er antwortete: Hier bin ich. Und er sprach: Nimm Isaak, deinen einzigen Sohn, den du liebhast, und geh hin in das Land Morija und opfere ihn dort zum Brandopfer auf einem Berge, den ich dir sagen werde. Da stand Abraham früh am Morgen auf und gürtete seinen Esel und nahm mit sich zwei Knechte und seinen Sohn Isaak und spaltete Holz zum Brandopfer, machte sich auf und ging hin an den Ort, von dem ihm Gott gesagt hatte. Am dritten Tage hob Abraham seine Augen auf und sah die Stätte von ferne und sprach zu seinen Knechten: Bleibt ihr hier mit dem Esel. Ich und der Knabe wollen dorthin gehen, und wenn wir angebetet haben, wollen wir wieder zu euch kommen. Und Abraham nahm das Holz zum Brandopfer und legte es auf seinen Sohn Isaak. Er aber nahm das Feuer und das Messer in seine Hand; und gingen die beiden miteinander. Da sprach Isaak zu seinem Vater Abraham: Mein Vater! Abraham antwortete: Hier bin ich, mein Sohn. Und er sprach: Siehe, hier ist Feuer und Holz; wo ist aber das Schaf zum Brandopfer? Abraham antwortete: Mein Sohn, Gott wird sich ersehen ein Schaf zum Brandopfer. Und gingen die beiden miteinander. Und als sie an die Stätte kamen, die ihm Gott gesagt hatte, baute Abraham dort einen Altar und legte das Holz darauf und band seinen Sohn Isaak, legte ihn auf den Altar oben auf das Holz und reckte seine Hand aus und faßte das Messer, daß er seinen Sohn schlachtete. Da rief ihn der Engel des HERRN vom Himmel und sprach: Abraham! Abraham! Er antwortete: Hier bin ich. Er sprach: Lege deine Hand nicht an den Knaben und tu ihm nichts; denn nun weiß ich, daß du Gott fürchtest und hast deines einzigen Sohnes nicht verschont um meinetwillen. Da hob Abraham seine Augen auf und sah einen Widder hinter sich in der Hecke mit seinen

Hörnern hängen und ging hin und nahm den Widder und opferte ihn zum Brandopfer an seines Sohnes Statt. Und Abraham nannte die Stätte »Der HERR sieht«. Daher man noch heute sagt: Auf dem Berge, da der HERR sieht. Und der Engel des HERRN rief Abraham abermals vom Himmel her und sprach: Ich habe bei mir selbst geschworen, spricht der HERR: Weil du solches getan hast und hast deines einzigen Sohnes nicht verschont, will ich dein Geschlecht segnen und mehren wie die Sterne am Himmel und wie den Sand am Ufer des Meeres, und deine Nachkommen sollen die Tore ihrer Feinde besitzen; und durch dein Geschlecht sollen alle Völker auf Erden gesegnet werden, weil du meiner Stimme gehorcht hast. So kehrte Abraham zurück zu seinen Knechten. Und sie machten sich auf und zogen miteinander nach Beerscheba, und Abraham blieb daselbst. 1. Mose 22, 1-19

Das Alte Testament ist voller Vordeutungen auf Jesu Kreuz. Das Geschehen dieses Textes ist neben 1. Mose 3,15 ein frühes Vorzeichen göttlichen Heilshandelns in Jesus. Abraham wird geprüft von dem Herrn, ob er ihm gehorchen wird. Nicht nur, daß er seinen einzigen Sohn opfern soll, sondern seinen lieben Sohn, wie es hier steht, seinen Erben und seine Zukunft. So blieb auch Jesus Christus dem Vater gehorsam durch sein ganzes Leben, ja, gehorsam bis zu seiner Kreuzigung, bis in den Tod. So ist Jesus Christus auch der einzige Sohn Gottes, und durch ihn ist die zentrale Verheißung an Abraham erfüllt: »Durch dich werden gesegnet alle Völker auf Erden.« Er ist damit der Erbe von Gottes Segen, als Angebot für alle Völker auf Erden.

Und wie Abraham in Versuchung kommt, geprüft wird von dem Herrn, ob ihm die Liebe zu ihm und die Treue zu ihm mehr als alles bedeutet, so wird auch Jesus Christus grundsätzlich von dem Satan geprüft, dem Ankläger, indem er ihm die ganze Welt mit ihrem Reichtum anbietet, wenn Jesus nur dem Satan gehorchen und ihn anbeten würde. Aber Jesus bleibt dem Vater, seinem Vater, treu.

Abraham bestätigt dreimal im Bericht dieses Abschnitts: »Hier bin ich.« Dieses Wort war sicherlich bei Luther tief in der Seele verankert als er auf dem Reichstag zu Worms dem Kaiser sagte:

»Hier stehe (bin) ich, ich kann nicht anders.« Das bedeutet auch: »Ich stehe hier – dies ist mein Entschluß.« Und so ging Jesus Christus ganz bewußt in den Tod für uns, trotz jeder Versuchung, auch der letzten im Garten Gethsemane, wo er den Vater bittet: »Herr, laß diesen Kelch an mir vorübergehen, aber nicht mein Wille, sondern dein Wille geschehe.« Dreimal spricht Jesus die Bitte, wie Abraham dreimal auf Gottes Ansprechen antwortet: »Hier bin ich.« Und Jesus beugt sich unter den Willen des Vaters, wie auch Abraham willens war, seinen Sohn und Erben nicht zu verschonen. Abraham brachte Isaak zum Brandopfer. Beim Brandopfer wurde das Opfertier ganz für den Herrn gegeben als Zeichen, daß alles, was wir haben und sind, dem Herrn gehört. Zuerst wird das Blut dem Herrn übergeben, dazu dient das Messer, denn »das Leben ist im Blut, und das Leben gehört Gott.« Und dann wird das ganze Tier dem Herrn geopfert. Jesu Blut ist unsere Errettung von Sünde, Teufel und Tod, und durch das Opfer, durch die Hingabe seines Blutes, haben wir Frieden mit dem Vater. Damit wird der Weg geöffnet zum endgültigen Leben in Gottes Reich. Die Betonung des Blutes wird unterstrichen in der zweiten und dritten Vordeutung des Kreuzestodes Jesu in der Thora, nämlich im Passageschehen im zweiten Buch Mose und zu Yom Kippur, dem Fest der Versöhnung mit dem Herrn, im dritten Buch Mose. In beiden Fällen – Passa und Yom Kippur sind die beiden höchsten Feste in Israel – wird durch Blut von einem Tier, zum Passa von einem fehlerlosen Lamm, und zu Yom Kippur von verschiedenen Opfertieren, der Weg der Versöhnung mit dem Vater geöffnet.

Beim Passafest schützt dieses Blut gegen den Tod, wie Jesu Blut uns schützt gegen den ewigen Tod. Und hier, bei der vorgesehenen Opferung, dem Brandopfer von Isaak, finden wir die erste zentrale Vordeutung von Jesu Kreuz, seinem versöhnenden Kreuzesblut durch sein Opfer.

Manche Humanisten und gutmeinende Christen fragen: »Warum verlangt Gott dieses Blut, wenn Gott doch liebevoll, barmherzig ist? Und warum schickt er seinen eigenen Sohn in den Tod für uns? So etwas ist unmenschlich.« Ja, unmenschlich – übermenschlich, göttlich. Denn der Herr kennt die Tiefe und Weite unserer Entfernung von ihm (unsere Schuld), und er erlebte gerade die Tiefe dieser Entfernung selbst am Kreuz, als die alles bedrohenden Mächte und Kräfte der Finsternis über das Land kamen, und dazu die Aussage der Thora, »Verflucht ist der, der am Holze hängt« (5. Mose 21,23). So tief sind wir in die Schuld verstrickt, und so tief geht beides: Gottes Eifer und Gottes Liebe für uns in dieser endgültigen Opferung seines eigenen Sohnes. Die Bibel ist nicht mit Hilfe unserer Vorstellungen von Menschlichkeit zu hinterfragen, sondern die Bibel entblößt ständig, gerade *wie* verloren wir alle sind und *wie* nötig wir Gottes Einbruch in seine Schöpfung für sein Geschöpf brauchen. Die Bibel hinterfragt *unsere* Vorstellungen von Menschlichkeit mit Gottes totalem Eifer, seiner Heiligkeit und seiner Liebe für sein abtrünniges Geschöpf, für uns selbst. So gab es zum Beispiel eine gute Tradition im Jahrhundert Rembrandts in Holland, als die großen Maler, wie auch Rembrandt selbst, sich als den verlorenen Sohn malten. Diese Maler haben besser, tiefer und realistischer gewußt, *wie* verloren wir alle sind und *wie* nötig, wie bitter nötig wir den Herrn brauchen, ja, sein versöhnendes Opfer am Kreuz.

Warum ging Abraham zum Berg? Weil die Berge zeichenhaft und in biblischer Wirklichkeit der Ort sind zwischen Himmel und Erde, den wir auch mit unseren Augen als solchen wahrnehmen können. Berge sind der Ort von Gottes Erscheinungen für uns – der Sinai, der Berg Karmel, der Ölberg, der Hügel Golgatha. Deshalb stehen vielleicht auch Kreuze auf dem Gipfel so vieler Berge. Caspar David Friedrich, der große christliche Maler, hat mehrere solche Berge gemalt, und in mindestens einem Bild ist das Kreuz zur Hälfte auf dem Berg verankert und zur Hälfte hinausragend in den Himmel. Jesus Christus als wahrer Gott (hinausragend in den Himmel) und als wahrer Mensch irdisch gebunden. Er will Jesus Christus zeigen als den, der, gesandt von Gott, durch sein Kreuzesblut zwischen Gottheit und Menschheit vermittelt. Das ist für uns geschehen.

Abraham ging am frühen Morgen, um seinen Eifer für den Herrn zu zeigen, und nahm als Lasttier einen Esel mit. Der Esel spielt eine besondere Rolle in der Bibel: Von der Verheißung an Juda, 1. Mose 49,11, über den Esel, der vor der Salbung Sauls, des ersten Königs Israels, verlorengeht, bis hin zu dem Esel (eigentlich zwei), auf dem der wahre und endgültige König der Juden am Palmsonntag geritten ist, vorausgesagt vom Propheten Sacharja.

»Am dritten Tage« – das sollte keine Überraschung sein für uns Christen. Denn hier wird der Weg gezeigt durch den Opfertod zum neuen Leben in dem Herrn und damit die Bestätigung des vierfachen Segens an Abraham mit dem Gipfelsatz: »Durch dich werden gesegnet alle Völker auf Erden.« Schon hier, in diesem Segenswort, leuchtet der Missionsbefehl Jesu nach seiner Auferstehung auf.

Abraham sagt zu seinen Knechten, daß er und Isaak den Herrn anbeten wollen. Ja, Opfer ist die ursprüngliche Form des Gebets, der Anbetung, und in der Bibel gab es Opferungen, bevor es Gebete gegeben hat. Der Grund dafür ist – wie es das Brandopfer zeigt –, daß wir die Herrschaft des Herrn über *alles,* was lebt und sich regt, auch über uns selbst, bejahen wollen. Das ist eine entscheidende Voraussetzung und der wichtigste Hintergrund für unser Gebet. In solchem Opfer, in dieser Hingabe, dürfen und können wir die wiederhergestellte Gemeinschaft mit Gott, welche er Israel und jetzt uns Christen angeboten hat, bejahen, in Anspruch nehmen. Wie wunderbar, daß das als Voraussetzung unseres Betens gelten darf!

»Und Abraham nahm das Holz zum Brandopfer und legte es auf seinen Sohn Isaak.«

So weit geht diese Vordeutung von Jesu Kreuz bis ins Fleischliche, Bildhafte hinein, denn Leib, Geist und Seele sind biblisch eine unzertrennliche Einheit. Jesus trug sein Kreuz, und so trug auch Isaak sein Opferholz.

Aber schließlich opfert der Herr selbst einen Widder anstelle von Isaak, wie er selbst das erste Opfer im Paradies vollzogen hat, damit Adam und Eva überkleidet werden konnten, und er dann durch das Kreuzesopfer seines eigenen Sohnes uns das wahre Kleid der Gerechtigkeit in seinem Kreuzesblut gab.

Der Text endet mit einer Bestätigung des Uranfangs von Gottes Wegen mit Abraham und damit mit Israel in einer Wiederholung des vierfachen Segens mit dem Gipfelsatz: »Durch dich werden gesegnet alle Völker auf Erden.«

Manche sagen von sich: »Ich bin ein neutestamentlicher Christ.« Ich möchte das erweitern: Ich bin ein biblischer Christ. Denn die ganze Bibel, wie unser Text es zeigt, bezeugt dasselbe:

Jesus Christus gestern, heute und in alle Ewigkeit, König der Juden, der Heiden Heiland und Herrscher über Zeit und Ewigkeit. Und Gottes heilsgeschichtliche Wege mit Israel, mit seiner Gemeinde und mit jedem von uns sind bezeugt durch sein ganzes Wort.

»Herr, dein Wort ist meines Fußes Leuchte und ein Licht auf meinem Wege« (Ps 119,105).

Sara stirbt. Abraham erwirbt ein Erb-begräbnis

Sara wurde hundertsiebenundzwanzig Jahre alt und starb in Kirjat-Arba – das ist Hebron – im Lande Kanaan. Da kam Abraham, daß er sie beklagte und beweinte. Danach stand er auf von seiner Toten und redete mit den Hetitern und sprach: Ich bin ein Fremdling und Beisasse bei euch; gebt mir ein Erbbegräbnis bei euch, daß ich meine Tote hinaustrage und begrabe. Da antworteten die Hetiter Abraham und sprachen zu ihm: Höre uns, lieber Herr! Du bist ein Fürst Gottes unter uns. Begrabe deine Tote in einem unserer vornehmsten Gräber; kein Mensch unter uns wird dir wehren, daß du in seinem Grabe deine Tote begrabest. Da stand Abraham auf und verneigte sich vor dem Volk des Landes, vor den Hetitern. Und er redete mit ihnen und sprach: Gefällt es euch, daß ich meine Tote hinaustrage und begrabe, so höret mich und bittet für mich Efron, den Sohn Zohars, daß er mir gebe seine Höhle in Machpela, die am Ende seines Ackers liegt; er gebe sie mir um Geld, soviel sie wert ist, zum Erbbegräbnis unter euch. Efron aber saß unter den Hetitern. Da antwortete Efron, der Hetiter, dem Abraham vor den Ohren der Hetiter, vor allen, die beim Tor seiner Stadt versammelt waren, und sprach: Nein, mein Herr, sondern höre mir zu! Ich schenke dir den Acker und die Höhle darin und übergebe dir's vor den Augen der Söhne meines Volks, um deine Tote dort zu begraben. Da verneigte sich Abraham vor dem Volk des Landes und redete mit Efron, so daß das Volk des Landes es hörte, und sprach: Willst du ihn mir lassen, so bitte ich, nimm von mir das Geld für den Acker, das ich dir gebe, so will ich meine Tote dort begraben. Efron antwortete Abraham und sprach zu ihm: Mein Herr, höre mich doch! Das Feld ist vierhundert Lot Silber wert; was ist das aber zwischen mir und dir? Begrabe nur deine Tote! Abraham gehorchte Efron und wog ihm die Summe dar, die er ge-

nannt hatte vor den Ohren der Hetiter, vierhundert Lot Silber nach dem Gewicht, das im Kauf gang und gäbe war. So wurde Efrons Acker in Machpela östlich von Mamre Abraham zum Eigentum bestätigt, mit der Höhle darin und mit allen Bäumen auf dem Acker umher, vor den Augen der Hetiter und aller, die beim Tor seiner Stadt versammelt waren. Danach begrub Abraham Sara, seine Frau, in der Höhle des Ackers in Machpela östlich von Mamre, das ist Hebron, im Lande Kanaan. So wurden Abraham der Acker und die Höhle darin zum Erbbegräbnis bestätigt von den Hetitern. 1. Mose 23

»*Sara wurde hundertsiebenundzwanzig Jahre alt und starb in Kirjat-Arba – das ist Hebron – im Lande Kanaan.*«

Hebron – was bedeutet diese Stadt in der Bibel? Was bedeutet sie geschichtlich? Was bedeutet sie heute? Hebron ist zuerst die Stadt des ersten Israeliten, des Patriarchen Abraham. Er und seine Frau und andere Patriarchen wurden dort beerdigt.

Hebron ist auch die Stadt Kalebs. Kaleb und Josua waren die einzigen der zwölf Kundschafter, die bereit waren, das Land einzunehmen, wie Gott es aufgetragen hatte, während die zehn dagegen votierten: »Wir können das nicht.« Da wird die Zwölf- zahl aufgeteilt in zehn und zwei: Zehn Stämme, die später verlo- rengehen – zwei Stämme, Juda (aus dem Jesus kommt) und Benjamin, der kleinste (aus dem Paulus kommt). Diese Aufteilung begegnet uns an einigen Stellen der Bibel. Die Juden brauchen bis heute zehn Männer, um einen Gottesdienst oder eine Ver- sammlung zu halten – und Jesus sagt: »Wenn zwei oder drei versammelt sind in meinem Namen, dann bin ich mitten unter ihnen.« Auch da wird die Zwölfzahl aufgeteilt in zehn und zwei. Die Stadt Kalebs, Hebron, ist wichtig in Israels Geschichte – bis heute.

Dann findet später noch Davids zweite Salbung zum König Israels in Hebron statt! Von Hebron aus hat er regiert, bevor er die Stadt Jerusalem eroberte und sie zu seiner Stadt erklärte, zum Königssitz.

Das sind drei wichtige biblische Tatsachen über Hebron. He- bron steht unter den vier heiligen Städten in Israel an zweiter

Stelle nach Jerusalem. Die anderen zwei Städte, Tiberias und Safed, sind nicht aus biblischem Grund heilig, sondern Tiberias wegen der Tradition des Maimonides, und Safed als Stadt der großen Mystiker. Fast während der ganzen Geschichte ist Hebron von Juden geprägt worden – bis die Christen kamen. Christen vertrieben zur Zeit der Kreuzzüge gegen Ende des 11. und Anfang des 12. Jahrhunderts alle Juden aus Hebron, so daß die jüdische Gegenwart in Hebron unterbrochen wurde. Die Muslime, die den Juden freundlicher gesonnen waren, bevor die Christen kamen, haben, als sie 1266 zurückkamen, den Juden nicht mehr erlaubt, in der Höhle zu beten, wo Abraham begraben wurde. Sie machten ein winziges Fenster, wo ein Jude hineinschauen konnte, um die Grabstätte zu sehen. Siebenhundert Jahre lang war ihnen nicht erlaubt, dahin zu gehen, wo der erste Israelit und Patriarch beerdigt wurde. Nach dem Talmud ist Abraham zwar nicht der wichtigste Patriarch, sondern Jakob; für Christen war das immer Abraham. Es ist auch weithin unbekannt, daß die Juden ein zweites Mal aus Hebron vertrieben wurden: In einem Aufruhr von den Arabern, die 1929 von der geistlichen Führerschaft angestachelt wurden; 67 Juden wurden auf offener Straße ermordet, die Verletzten und der Rest wurden der Stadt verwiesen. Seit der Rückeroberung von Hebron, 1967, gibt es wieder eine Synagoge und einen Zugang zu Machpela in Hebron. Was der Arzt Goldberg 1994 in dem Massaker angerichtet hat, ist beschämend und durch nichts zu rechtfertigen. Nur gehen fast täglich Araber mit Messern und Äxten auf Juden los. Dies ist keine Rechtfertigung des grauenhaften Massakers, aber es erklärt die Lage, in der wir als Juden stehen.

Wenn Israel Hebron aufgibt, kann es nach biblischem Standpunkt ganz Israel aufgeben. Man darf die Wichtigkeit Hebrons niemals vergessen – das gilt für die Juden vergangener Zeiten genauso wie für die Juden heute. Wenn Hebron aufgegeben wird, das wäre ungefähr so, als wenn ein Christ aufgibt, daß Jesus leiblich auferstanden ist (wie manche Theologen ohne Kenntnis des ganzen alttestamentlichen Hintergrunds und der Tatsachen behaupten). So wichtig ist die Stadt Hebron für Israel, wenn auch das heutige Hebron nicht genau an derselben Stelle liegt wie das biblische Hebron.

Eine andere wichtige Stadt ist Jericho. Jericho wurde als erste

Stadt bei der Landnahme durch das Volk Israel mit Gottes Hilfe erobert. Die Entwicklung jetzt ist der Anfang vom Ende, das zur Wiederkunft unseres Herrn führen wird.

Der Bibelabschnitt ist auch in bezug auf das Alter Saras wichtig. Es war eine Gottesgabe für die Menschen der biblischen Frühgeschichte, daß sie viel länger gelebt haben als wir heute. Luther sagte, daß sie der alten Schöpfung nahestanden und deshalb länger lebten, weil Leben das höchte Gut in der alten Schöpfung ist. Das kann man auch in bezug auf die geistlichen Gaben zu Zeiten des Petrus und Paulus feststellen, denn viele von diesen Gaben haben wir so nicht mehr oder nicht mehr in dem Maße, weil die Apostel damals der neuen Schöpfung in Jesus Christus nahestanden. Bei den Patriarchen und in den Urgeschichten des Alten Testaments in bezug auf Israel galt hohes Lebensalter und großer Reichtum als ein großer Segen. Diese Vorstellung wird aber bald innerhalb der alttestamentlichen Aussagen verändert, so daß wir z. B. im Psalm 73 lesen können: »Warum geht es den Gottlosen so gut?« Und dann wird da erzählt, wie reich sie sind und wie gut sie es haben – wir Gottesfürchtigen aber müssen leiden. Das ist fast eine Umkehrung, und diese Linie zieht sich fort bis ins Neue Testament: »Meine Kraft ist in den Schwachen mächtig«, muß Paulus bezeugen. Langes Leben und Reichtum gelten nicht mehr als eine besondere Gnade und besonderer Segen. Leben ist nicht mehr das höchste Gut, sondern das wahre Leben in Jesus Christus gefunden zu haben, der uns in die Kreuzes- und Leidensnachfolge führt.

Wir sehen hier auch, daß Gott über den biologischen Gesetzen steht. Sara war viel zu alt, um noch ein Kind zu bekommen, auch Abraham. Aber Gott, als der Herr auch über seine Lebensordnungen, hat Wege, seinen Plan und seine Verheißungen zur Erfüllung zu bringen – wie uns das öfter in der Bibel gezeigt wird.

». . . und starb in Kirjat-Arba – das ist Hebron – im Lande Kanaan.«

Die Aussage verbindet eindeutig den Ort mit dem Land. Dies Land gehört Israel in alle Ewigkeit, nicht nur die Stadt Hebron. Aber Abraham ist ein Fremdling im eigenen Land. Das ist eine merkwürdige Aussage. Nach dem Neuen Testament sind wir

Christen alle Fremdlinge hier auf Erden – »wir haben hier keine bleibende Stadt«. Diese Tatsache hat eine besondere Tragweite. Wir sind »Fremdlinge« auch in bezug auf die Art, wie am Ende der Tage gelebt wird, wenn die Gesetze, die Ordnungen Gottes, die Zehn Gebote mit Füßen getreten werden – Ehebruch, toleriert sogar in kirchlichen Kreisen, Mord, Abtreibung, Diebstahl massenweise. . . Wir sind als Christen Fremdlinge in unserem eigenen, von bewährter christlicher Kultur geprägten Land. Unsere Identität ist, daß wir Christen sind. Als solche sind wir aber auch zu Fremdlingen geworden. Unsere Identität gründet in unserem Glauben an Jesus Christus.

Auch Abraham – ein Fremdling im Land der Verheißung, ein Fremdling im eigenen Land. Aber Gott setzt mit ihm ein Zeichen, daß dieses Land Israel und seinen Nachkommen gehört.

»Da kam Abraham, daß er sie beklagte und beweinte.«

Heute, wie wohl auch damals, ist es jüdische Art, den Tod eines Menschen zu beklagen und zu beweinen, daß man sieben Tage zu Hause bleibt, Freunde und Verwandte kommen, und es wird über den Toten gesprochen und dem Schmerz über den Verlust Ausdruck verliehen. Das ist psychologisch sicher wichtig, daß verarbeitet wird, was geschehen ist, und es dauert oft lange, sich bewußt zu werden, daß jemand durch den Tod unwiederbringlich von uns gerissen ist. Wir Menschen brauchen Zeit, bis wir in allem Schmerz der Trauer bereit sind zu hören. Manchmal dauert es sogar Jahre, bis man den Tod eines nahen Angehörigen verarbeitet hat. Maria Magdalena weinte an jenem frühen Ostermorgen – als ob sie in ein einziges Weinen verwandelt sei, so malten sie Grünewald und Cranach, ihr Haar, ihre Kleidung, ihre ganze Person wird zu diesem Weinen verwandelt. Nur langsam wird sie sich über die Lage klar und kann wahrnehmen, daß Jesus auferstanden ist. Den Weiterweg zu erkennen, braucht Zeit – und das Weinen.

»Danach stand er auf von seiner Toten und redete mit den Hetitern . . .«

Es scheint zunächst, als ob Abraham nach der Trauer mit dem Kauf einer Grabstätte nur etwas ganz Normales im Sinn hätte – die Beerdigung seiner verstorbenen Frau. Und das bedurfte damals wie heute einiger Formalitäten. Aber bei dem Erwerb der Grabstätte geht es zugleich um ein tiefes, theologisches Ereignis: Israel sollte im Lande bleiben. Denn das ist die Verheißung Gottes: Dieses Land wird diesem Volk gehören. Und Abraham war der Patriarch, der erste dieses Volkes. Das ist typisch für die Bibel – im alltäglichen Geschehen zeigt sich plötzlich das Handeln Gottes nach seinem großen Heilsplan. Das dürfen wir nicht übersehen. Gottes Heilsplan kümmert sich nicht um unsere Forderungen nach Zeichen, Wundern und besonderen Erlebnissen – das ist eine unserer Erbsünden –, sondern Gottes seelsorgerliches Heilshandeln mit uns geschieht öfters mitten in unserm Alltag, in Zusammenhängen, über die wir nachher nur staunen können und sagen müssen: »Gott kam ans Ziel, Gott hat gewirkt.« Wenn wir aufmerksam leben, mit Gott leben, werden wir das immer wieder beobachten können. Gott wirkt meistens nicht durch publikumswirksam gestaltete Ereignisse, die von Schwarmgeist bestimmt werden. Er wirkt meist in einer ganz verborgenen und inniglichen Art, so daß wir oft erst nachher sehen können: Da hat mich Gott geführt, da ist er mit mir weitergekommen.

»Ich bin ein Fremdling und Beisasse bei euch; gebt mir ein Erbbegräbnis bei euch, daß ich meine Tote hinaustrage und begrabe.«

Abraham will, daß die Tote zur Ruhe kommt, wo sie gestorben ist. Aber es geht um mehr, es geht um Gottes Heilsplan mit Israel, und daß Land für Israel erworben wird. Schindler ist in Israel beerdigt. Er hatte gebeten, daß sein Körper nicht in Deutschland bleibt, wo er als »Judenküsser« verhöhnt wurde, sogar 1963 noch. Er ging nach Israel, wo nicht vergessen worden war, daß er mehr als tausend Menschenleben gerettet hat, und in Israel hat man ihn beerdigt. Viele namhafte Juden lassen sich in Israel beerdigen. Im Mittelalter haben reiche Juden öfters Unsummen bezahlt, daß Erde von »Eretz Israel« nach Deutschland transportiert wurde, damit sie in Erde aus Israel beerdigt werden konnten. So wichtig ist die Beziehung zwischen Volk und Land. Juden lebten immer schon in der Erwartung: Wenn das Volk im Land ist, kann der Messias kommen. Deshalb drängen Juden so stark nach Israel.

Ein etwa vierzig- oder fünfundvierzigjähriger jüdischer Geschäftsmann hatte seine zerbrochene Ehe scheiden lassen. Er selbst war total ungläubig, hatte nicht gewußt, wie man betet und daß es einen Tempel gab; über das Judentum war ihm nichts bekannt – ein Namensjude. Er machte eine Weltreise, und weil er die Welt sehen wollte, mußte er auch nach Israel gehen, weil das so zentral zwischen drei Kontinenten liegt, aber nicht weil es ihm etwas bedeutet hätte. Dort sprach ihn eine so richtige jüdische Mama aus Polen an: »Sie sind Jude – wissen Sie Bescheid über den Tempel, über die Klagemauer usw.?« Er hatte keine Ahnung. Sie erzählte ihm, und er hörte zu. Als er daraufhin spazierenging, sah er die Klagemauer aus der Ferne und ging hin. Sein Herz wurde unruhig, aber er wußte nicht warum. Er fing an, schneller zu gehen, schließlich lief er und kam außer Atem zur Klagemauer, den Überresten der Außenmauern des herodianischen Tempels. Da übermannten ihn die Tränen und er sagte zu dem Rabbiner: »Ich bin zu Hause. Bete für mich, ich weiß nicht, wie man betet.« Es besteht eine starke Beziehung zwischen dem Volk Israel und dem Land Israel. Das ist eine gottgewollte Beziehung, es ist eine messianische Beziehung.

»Da antworteten die Hetiter Abraham und sprachen zu ihm: Höre uns, lieber Herr! Du bist ein Fürst Gottes unter uns. Begrabe deine Tote in einem unserer vornehmsten Gräber; kein Mensch unter uns wird dir wehren, daß du in seinem Grabe deine Tote begrabest.«

Welches Ansehen genoß Abraham! Das ist schmeichelhaft, ist orientalisch.

»Da stand Abraham auf und verneigte sich vor dem Volk des Landes, vor den Hetitern.«

Eine Geste der Höflichkeit und eines Untertans – obwohl er es nicht ist.

»Und er redete mit ihnen und sprach: Gefällt es euch, daß ich meine Tote hinaustrage und begrabe, so höret mich und bittet für mich Efron, den Sohn Zohars, . . .«

Abraham hat genau gewußt, wo er das Grab haben wollte, aber er ließ es noch nicht erkennen.

». . . daß er mir gebe seine Höhle in Machpela, die am Ende seines Ackers liegt; er gebe sie mir um Geld, soviel sie wert ist, zum Erbbegräbnis unter euch. Efron aber saß unter den Hetitern. Da antwortete Efron, der Hetiter, dem Abraham vor den Ohren der Hetiter, vor allen, die beim Tor seiner Stadt versammelt waren, und sprach . . .«

»Beim Tor«, fand diese Begegnung statt, dort, wo Recht gesprochen wird und wo solche Probleme besprochen werden. Im Tor – das war auch bei den Israeliten so üblich. Die Öffnung, der Eingang zur Stadt – das hat mit Gerechtigkeit zu tun, mit dem richtigen Weg dieser Stadt, damit es in allem gerecht zugeht.

»Nein, mein Herr, sondern höre mir zu! Ich schenke dir den Acker und die Höhle darin und übergebe dir's vor den Augen der Söhne meines Volks, um deine Tote dort zu begraben.«

Abraham ist bereit, alles zu bezahlen, Efron aber will ihm alles schenken.

»Da verneigte sich Abraham vor dem Volk des Landes und redete mit Efron, so daß das Volk des Landes es hörte, und sprach: Willst du ihn mir lassen, so bitte ich, nimm von mir das Geld für den Acker, das ich dir gebe, so will ich meine Tote dort begraben.«

Abraham sagt nicht, wie hoch er den Acker in seinem Wert einschätzt. Erst der Besitzer erwähnt – wie nebenbei – die Summe.

»Efron antwortete Abraham und sprach zu ihm: Mein Herr, höre mich doch! Das Feld ist vierhundert Lot Silber wert; was ist das aber zwischen mir und dir? Begrabe nur deine Tote!«

Nach dem wie im Orient verhandelt wird, hätte Abraham den Acker niemals als Geschenk annehmen dürfen und können. Er strebte einen sauberen Kauf an:

»Abraham gehorchte Efron und wog ihm die Summe dar, die er

genannt hatte vor den Ohren der Hetiter, vierhundert Lot Silber nach dem Gewicht, das im Kauf gang und gäbe war.«

Jetzt gehört Abraham dieser Ort. Diese Tatsache ist für Israel außerordentlich wichtig – bis heute. Doch nachdem sie die Stadt 1967 eroberten, haben sie den Muslimen dennoch einen ihnen wichtigen Teil davon überlassen. Was das bedeutet, kann man nur ermessen, wenn man bedenkt, daß 700 Jahre lang kein Jude das zweitwichtigste Heiligtum Israels in Hebron betreten durfte.

»So wurde Efrons Acker in Machpela östlich von Mamre Abraham zum Eigentum bestätigt, mit der Höhle darin und mit allen Bäumen auf dem Acker umher, vor den Augen der Hetiter und aller, die beim Tor seiner Stadt versammelt waren.«

Hier, in Machpela, fängt Gottes Verheißung an, in Erfüllung zu gehen – bezeugt auch durch die Heiden und getätigt durch einen einwandfreien Rechtshandel. So ist seitdem viel Land von Israel gekauft worden, von den Türken und auch von Palästinensern. Und jetzt wirft man Israel vor, daß sie dies Land geraubt hätten. Es wurde gekauft, und öfters war es sogar bis dahin unfruchtbares Land.

»Danach begrub Abraham Sara, seine Frau, in der Höhle des Ackers in Machpela östlich von Mamre, das ist Hebron, im Lande Kanaan.«

Warum wird das immer wiederholt? Die Bibel ist nicht rethorisch, sondern sie wiederholt, was einfach für alle Zeit entscheidend ist. Was in Hebron damals geschah, ist maßgebend für das Heilsgeschehen in Israel bis heute.

»So wurde Abraham der Acker und die Höhle darin zum Erbbegräbnis bestätigt von den Hetitern.«

Der Kaufvertrag umfaßte beides, oben und unten, was lebt und was tot ist, die Bäume auf dem Acker umher und was tot ist und beerdigt wird, unter die Erde gelegt wird. Beides gehört diesem Volk durch Abraham.

Eine richtige Frau wird für Isaak gesucht

Abraham war alt und hochbetagt, und der HERR hatte ihn gesegnet allenthalben. Und er sprach zu dem ältesten Knecht seines Hauses, der allen seinen Gütern vorstand: Lege deine Hand unter meine Hüfte und schwöre mir bei dem HERRN, dem Gott des Himmels und der Erde, daß du meinem Sohn keine Frau nehmest von den Töchtern der Kanaaniter, unter denen ich wohne, sondern daß du ziehest in mein Vaterland und zu meiner Verwandtschaft und nehmest meinem Sohn Isaak dort eine Frau. Der Knecht sprach: Wie, wenn das Mädchen mir nicht folgen wollte in dies Land, soll ich dann deinen Sohn zurückbringen in jenes Land, von dem du ausgezogen bist? Abraham sprach zu ihm: Davor hüte dich, daß du meinen Sohn wieder dahin bringest! Der HERR, der Gott des Himmels, der mich von meines Vaters Hause genommen hat und von meiner Heimat, der mir zugesagt und mir auch geschworen hat: Dies Land will ich deinen Nachkommen geben –, der wird seinen Engel vor dir hersenden, daß du meinem Sohn dort eine Frau nehmest. Wenn aber das Mädchen dir nicht folgen will, so bist du dieses Eides ledig. Nur bringe meinen Sohn nicht wieder dorthin! Da legte der Knecht seine Hand unter die Hüfte Abrahams, seines Herrn, und schwor es ihm. 1. Mose 24, 1-9

»Abraham war alt und hochbetagt, und der Herr hatte ihn gesegnet allenthalben. Und er sprach zu dem ältesten Knecht seines Hauses, der allen seinen Gütern vorstand: Lege deine Hand unter meine Hüfte . . .«

Leib, Geist und Seele sind eine unzertrennliche biblische Einheit. Bei dem Schwur, den Abraham von seinem Knecht verlangt, soll für beide das leibliche Erleben beteiligt sein. Ein Jude trennt da nichts; so kann man bei betenden Juden beobachten, daß sie mit ihrem ganzen Körper beteiligt sind. Deshalb legt Jesus auch auf die Abendmahlsgemeinschaft solchen Wert, daß es ein Essen und Trinken ist. Was Jesus für uns am Kreuz erlebt hat: »Das ist mein Leib« und »Das ist mein Blut«, das sollen wir im Abendmahl nacherleben – mit Geist, Seele und Leib, die immer eine unzertrennliche Einheit sind. Wir dürfen unsere Bibel nicht vergeistigen, wie die Griechen das getan haben und viele deutsche Theologen auch. Da ist auch physisch nichts zu trennen, Leib, Geist und Seele, auch nicht im Bekenntnis zur Auferstehung des Leibes.

». . . und schwöre mir bei dem Herrn, dem Gott des Himmels und der Erde . . .«

Diese Bezeichnung Gottes, die auch Paulus verwenden kann, wenn er unter die Heiden geht, ist ein Bezug auf den Schöpfergott und auf den Herrn der Geschichte. Was ist das Wesen Gottes? Ein Jude sagt: »Das ist der heilige Gott, der gerechte Gott, der barmherzige Gott.« Ein Christ sagt: »Jesus ist Liebe.« Ich gebe eine dritte und, so denke ich, eine noch umfassendere Definition, wer Gott ist. Jahwe ist sein Wesen, sein Name. Das ist kein persönlicher Name, sondern eine Deutung. Das bedeutet: Der Seiende, der Wirkende, der Herr der Schöpfung und der Herr der Geschichte und der Heilsgeschichte für Israel, für die Gemeinde und für jeden von uns. Und eingebettet in diese Heilsgeschichte ist seine Gerechtigkeit, seine Allmacht, seine Heiligkeit, seine Barmherzigkeit, seine Liebe, seine Weisheit – alles. So ist Gott der Wirkende. Künstler der vorreformatorischen Zeit haben als Ausdruck ihrer Frömmigkeit goldene Zickzack-Ornamente in Kirchen gestaltet; sie sahen darin die Ausstrahlung des Wirkens Gottes, seines Heiligen Geistes.

». . . und schwöre mir bei dem Herrn, dem Gott des Himmels und der Erde, daß du meinem Sohn keine Frau nehmest von den Töchtern der Kanaaniter, unter denen ich wohne . . .«

So wollten auch meine Eltern, daß ich ein jüdisches Mädchen heiraten sollte. Dann kam es aber anders, und weil wir nicht mehr in der Zeit Esras und Nehemias leben, ließen wir uns auch kirchlich trauen, nachdem ich zuvor versprochen hatte, die Kinder christlich taufen und erziehen zu lassen. Für Abraham war es ein Gehorsamsakt, dem Sohn der Verheißung keine Heidin zur Frau zu geben.

». . . sondern daß du ziehest in mein Vaterland und zu meiner Verwandtschaft und nehmest meinem Sohn Isaak dort eine Frau.«

Abraham schickte seinen Knecht zurück. Man soll zurückgehen, um die richtige Frau zu bekommen – so haben meine Eltern zu mir gesagt. Sie wollten, daß ich eine Rabbiner-Tochter heiratete. »Warum mußt du eine Frau in Deutschland heiraten, 16 Jahre nach Auschwitz? Gibt es nicht nette und hübsche Jüdinnen?« Doch es gab nette und hübsche Jüdinnen, aber der Herr hatte etwas ganz anderes mit mir vor. Als ich nach Europa ging, hat meine Mutter mich fast beschworen: »Bring mir keine Deutsche mit!« Abraham ließ seinen Knecht schwören – so wichtig war ihm das!

»Der Knecht sprach: Wie, wenn das Mädchen mir nicht folgen wollte in dies Land, soll ich dann deinen Sohn zurückbringen in jenes Land, von dem du ausgezogen bist? Abraham sprach zu ihm: Davor hüte dich, daß du meinen Sohn wieder dahin bringest! Der Herr, der Gott des Himmels, der mich von meines Vaters Hause genommen hat und von meiner Heimat, der mir zugesagt und mir auch geschworen hat: Dies Land will ich deinen Nachkommen geben –, der wird seinen Engel vor dir hersenden, daß du meinem Sohn dort eine Frau nehmest.«

Jetzt fängt Abraham an, Gott wirklich zutiefst zu vertrauen, denn er hat viel mit Gott erlebt. Er vertraut Gott nicht, indem er ein Wunder von ihm erwartet. Sondern für ihn sind da die Verheißungen Gottes: Gott hat gesagt, gegeben und bestätigt, und er wird auch erfüllen. Und Gott weiß auch, wie das zu erfüllen ist: Er schickt seinen Engel – und der Weg wird offen sein. Abraham hält fest an Gottes Heilsplan, denn er steht mitten in diesem Heilsplan. Stehen nicht auch wir mitten in diesem Heilsplan? Jesu Heilsplan gilt für jeden von uns, und wir sind mitten auf dem Weg, jeder von uns. Der Herr handelt wie und wann *er* will. Und die Fülle der Möglichkeiten ist bei ihm – nicht bei uns. Abraham rechnete damit, unbeirrt!

Wo fand der Knecht die Frau? Am Brunnen! Fließendes Wasser, Quellwasser – Zeichen von Leben, Tod und Reinheit in der ganzen Bibel. Der Erfüller aller Verheißungen an Israel wird Leben aus dem Tod bringen, weil er die Reinheit selbst ist, Jesus Christus. Das ist ein gesamtbiblisches Thema.

Abrahams zweite Ehe, sein Tod und Begräbnis

Abraham nahm wieder eine Frau, die hieß Ketura. Die gebar ihm Simran und Jokschan, Medan und Midian, Jischbak und Schuach. Jokschan aber zeugte Saba und Dedan. Die Söhne Dedans aber waren: die Aschuriter, die Letuschiter und die Leummiter. Die Söhne Midians waren: Efa, Efer, Henoch, Abida und Eldaa. Diese alle sind Söhne der Ketura. Und Abraham gab all sein Gut Isaak. Aber den Söhnen, die er von den Nebenfrauen hatte, gab er Geschenke und schickte sie noch zu seinen Lebzeiten fort von seinem Sohn Isaak, nach Osten hin ins Morgenland. Das ist aber Abrahams Alter, das er erreicht hat: hundertundfünfundsiebzig Jahre. Und Abraham verschied und starb in einem guten Alter, als er alt und lebenssatt war, und wurde zu seinen Vätern versammelt. Und es begruben ihn seine Söhne Isaak und Ismael in der Höhle von Machpela auf dem Acker Efrons, des Sohnes Zohars, des Hetiters, die da liegt östlich von Mamre auf dem Felde, das Abraham von den Hetitern gekauft hatte. Da ist Abraham begraben mit Sara, seiner Frau. Und nach dem Tode Abrahams segnete Gott Isaak, seinen Sohn. Und er wohnte bei dem »Brunnen des Lebendigen, der mich sieht«.   1. Mose 25, 1-11

»Abraham nahm wieder eine Frau, die hieß Ketura. Die gebar ihm . . . Und Abraham gab all sein Gut Isaak.«

Der Erbe ist nicht Ismael, der Erbe ist keiner, der von dieser zweiten Frau kommt. Es gibt nur einen Erben: Isaak, der gerettet wurde vor einem Opfertod, den Gott befohlen hatte. In Isaak, in niemand anderem, liegt die Vordeutung auf Gottes Heilshandeln in Jesus Christus. Wir haben gelesen: Isaak trug das Holz auf seinen Schultern – wie Jesus das Holz des Kreuzes getragen hat. Wo anstelle Isaaks ein Widder zum Opfertier gegeben wurde, trat Gott in Jesus selbst an unsere Statt. Der Widder hatte sich in den

Dornen verfangen – Jesus wurde die Dornenkrone aufs Haupt gedrückt. Es ist eindeutig: Die Verheißung geht über Isaak zu Jesus – über niemand anderen!

»Aber den Söhnen, die er von den Nebenfrauen hatte, gab er Geschenke und schickte sie noch zu seinen Lebzeiten fort von seinem Sohn Isaak, nach Osten hin ins Morgenland.«

Es gibt nur einen Erben, und es gibt nur einen Weg, und der Weg geht über Isaak – Jakob/Israel, dann über Mose bis hin zu Jesus Christus. Das ist die Linie der Verheißungen Gottes, die einzige Linie.

»Das ist aber Abrahams Alter, das er erreicht hat: hundertundfünfundsiebzig Jahre. Und Abraham verschied und starb in einem guten Alter, als er alt und lebenssatt war, und wurde zu seinen Vätern versammelt.«

Segen bedeutete damals, daß man lange lebte, daß man angesehen und reich war und einmal lebenssatt starb. Es kann zu unserem Lebensende aber auch durch ein Gethsemane gehen, ein Gethsemane, das Gott uns ganz persönlich zumutet. Aber wir dürfen wissen, daß der Tod, wenn wir wirklich tief im Glauben leben und wenn wir durch unseren Garten Gethsemane gegangen sind, nicht das Schlimmste ist, sondern der Tod ist der Höhepunkt des Lebens. Ich habe absolute Gewißheit, daß mein Tod mich zu Jesus Christus führt, zu meinem Heiland. Warum sollte ich Angst davor haben? (vgl. Röm. 8, 38.39)?! Wir sollten ruhig darüber nachdenken. Der Tod ist nicht das schlimmste Übel. Das schlimmste wäre, wenn wir vorher unsere Seele verkaufen würden.

Die Toten sind getrennt von Gott und dem Volk Gottes, denn der Tod ist der Sünde Sold – auch für Abraham. Das ändert sich aber bei David. In seinen Psalmen, z. B. Psalm 22, wo das Kreuz Jesu, seine Auferstehung und die Weltmission genau beschrieben werden, geht es auch um den Totenbereich, wo ich *nicht* ferne bin von Gott. Das finden wir auch in Psalm 139. David sieht das Totenreich nicht mehr getrennt von Gott, sondern Gott herrscht über die Lebenden wie über die Toten. Das ist die Wegweisung zur Auferstehung – über den Karsamstag hinaus, wo Jesus in den Totenbereich ging und das Evangelium denen predigte, die vorzeiten gestorben sind.

»Und es begruben ihn seine Söhne Isaak und Ismael in der Höhle von Machpela auf dem Acker Efrons, des Sohnes Zohars, des Hetiters, die da liegt östlich von Mamre auf dem Felde, das Abraham von den Hetitern gekauft hatte. Da ist Abraham begraben mit Sara, seiner Frau. Und nach dem Tode Abrahams segnete Gott Isaak, seinen Sohn. Und er wohnte bei dem ›Brunnen des Lebendigen, der mich sieht‹.«

Das Leben unter der Verheißung geht weiter beim »Brunnen des Lebendigen«, der ein Zeichen für das Leben aus dem Tod ist, der Zielsetzung von Israels Geschichte.